即戦力になる!

MBAのExcel

Excel for MBAs

グロービス 監修
globis

鷲巣大輔 著
washizu daisuke

東洋経済新報社

▼サンプルファイルのダウンロード
本書で解説しているエクセルデータの一部は、以下のページよりダウンロードできます。操作確認などにご利用ください。
https://str.toyokeizai.net/books/9784492558058/
パスワードは「mbaexcel」

▼対応バージョン
本書はExcel2021/2019/2016、およびMicrosoft365に対応しています。ただし、解説の一部はこれらのバージョンに対応していないものもあります。

はじめに

大学を卒業し、ビジネスパーソンとしてのキャリアを積み始めてから二十数年間、コーポレートファイナンスや経営企画という仕事を通じて、エクセルを活用した定量分析を行ってきました。長年たずさわっていると知見もたまっていくようで、担当するMBAクラスの受講生の方から、エクセル活用術について尋ねられることも増えてきました。

たしかに世の中にはエクセル教則本や、エクセル活用術についてレクチャーしてくれる動画プログラムなども多くあるのですが、その多くは関数やショートカットの活用法といったノウハウが中心で、実際のビジネスシーンにおいてエクセルをどのように活用するのかという点で解説されたものは少ないと感じました。

「実際のビジネスシーンで直面する課題に対して、エクセルをどのように活用して定量分析すれば、経営判断につながるような意義のある示唆を生み出すことができるか」、これが本書の趣旨となります。料理にたとえるなら、包丁や調味料といった「道具」の説明を中心に据えるのではなく、アウトプットである「おいしい料理」を仕上げるために、「道具」をどのように活用したらいいのか、を念頭に置いて書きました。

この本では、マーケティングの観点での「顧客の属性分析（Chapter 1）」「RFM分析（Chapter 2）」、人事観点での「採用試験の効果測定（Chapter 3）」、ファイナンス観点での「投資判断（Chapter 4）」「予算・実績ギャップ分析（Chapter 5）」といった、日々のビジネスにおいて論点となるテーマについて、エクセルという道具をどのように活用するのか、ということをケーススタディで説明しています。

また、具体的なケースに入る前に、分析を行う上で大前提として押さえておいたほうがよいポイントを、「分析の基本の『キ』（Introduction）」で解説しています。また巻末には定量分析を行う上で知っておいたほうがよい関数およびショートカットをまとめていますので、ご参考にしてください。

巷にあるエクセル教則本に比べれば、取り扱っている関数やティップスは少ないかもしれませんが、実際のビジネスシーンにおいて分析を行う上で役に立つような工夫や活用法について、私の経験則の中から価値があると思ったものをまとめています。主に定量分析に取りかかったばかりのビジネス経験の浅い方や、基本から分析について学びたいという方を対象として書き進めておりますが、定量分析に慣れているベテランの方々にとっても、基本の再確認として、またエクセルという道具の有効活用法のヒントとして参考にしていただければと思います。

「エクセルなんてただの道具」とはよく聞かれる言葉です。誰もが普遍的に活用できて、かつ定量分析を行う上での高度な機能が装備され、それも絶えず進化を続けている「道具」ですから、活用しない手はありません。この本をきっかけにして、皆さんが有意義な「道具の活用法」を習得してくださることを切に願っております。

2023年1月

鷲巣　大輔

Contents

Introduction

分析の基本の「キ」

突然ですが質問です。

みなさんは「分析」をしっかりできていますか？

ある程度の期間、ビジネスの世界にたずさわっていれば、少なからず「分析」をした経験はあると思います。でもそもそも「分析」っていったい何なのでしょうか。

別の聞き方をします。

皆さんのその「分析」は、単なる報告に終わっていないですか？
皆さんのその「分析」は、単なる自己満足に陥っていないですか？
皆さんのその「分析」は、人の心を動かし、ビジネスを動かすようなアウトプットを生み出すことができていますか？

私は二十数年間ビジネスの世界で過ごしてきて、特に経理財務・経営企画といった領域でデータ分析・財務分析にたずさわってきました。自分のチームメンバーにも分析について指導をしてきた経験もありますが、その中で気づいたのが、このよく使われる**「分析」という言葉が、実はすごくあいまいで人によってとらえ方が違う**ということです。
この本においては、全体を通じてエクセルを駆使しながら実際のビジネスシーンにおける課題を解消する「分析」を考えていくわけですが、具体的なケーススタディに入る前に、その出発点として「そもそもいったい分析とは何なのか？」「効果的な分析を行うために気をつけるべきポイントは何か？」という点について明らかにしていきたいと思います。

分析の基本

4つのプロセス――What・Where・Why・How

私の経験上、数多く見てきた「筋の良い分析」というのはたいていこの4つのプロセスを経ているという事実があります。これは自分自身が常に意識をしているポイントでもあるので、皆さんにもご紹介したいと思います（図表0-1）。

図表0-1　筋の良い分析の4つのプロセス

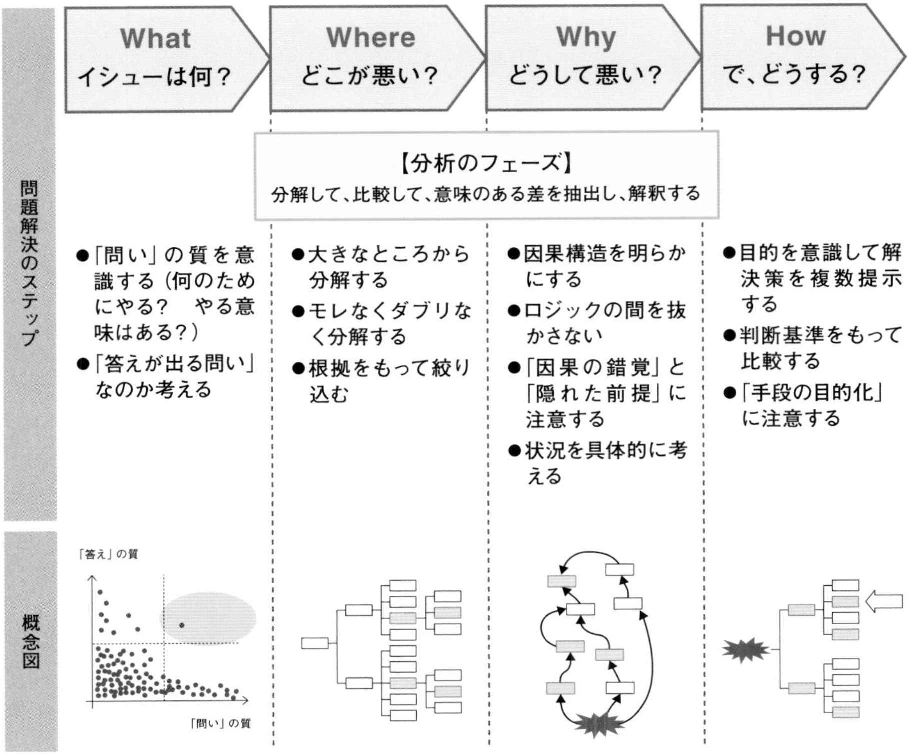

出所：安宅和人『イシューからはじめよ――知的生産の「シンプルな本質」』（英治出版、2010年）を参照

What「イシューは何？」

論点は何か？　問題は何か？　解決すべき課題は何か？　そもそも何のためにこの分析を行うのか、「問い」自体を考え抜くというステップが最初にきます。これ自体を軽視する人も多いのですが、良い「問い」からしか良い「答え」は生まれませんから、ぜひ注意をしていただきたいものです。

世の中「問い」というものは無数にあります。それこそ今日のランチに何を食べるか、今日の夜Netflixで何を見るかも問いの一つですが、本当に考えるべき価値のある問いとは何かを考えることが大事です。人間の時間と労力は有限です。その限りある資源を確実に、かつ大きな成果に結びつけるために、「考えるべき問い」に焦点を当てるということが最初のポイントです。

Where「どこが悪い？」

問題の源泉を突き止めるステップが第二段階です。その目の前に見えている問題がどこから生まれているのか、その要因をていねいに分解して突き止めるステップです。全体から部分へと、モレなくダブリなく分解することで、決して決め打ちではなく、根拠をもった問題の絞り込みを行います。

医師の問診を例にとれば、お腹が痛いという患者さんが来たときに、医師はいろいろな方法で問診をして、問題を特定しようとします。一言で「お腹が痛い」と言っても、外的な要因によるものもあるし、内臓的な要因かもしれないし、精神的なものからくる腹痛なのかもしれない。問診を通じて医師がやろうとしていることは、その腹痛の要因がどこからくるのかを探っているわけです。医師は「お腹が痛いです」「じゃあ胃薬」といった短絡的な結論を導き出すことは決してしない。我々も同じです。短絡的にわかりやすい回答に飛びつくのではなく、その事象を引き起こしている要因をていねいに解明することが必要です。

Why「どうして悪い？」

問題を引き起こしている要因をピンポイントで特定したら、いったいどうしてそのようなことを引き起こしているのか、そのメカニズム、すなわち因果関係を解明します。

ここで注意したいのは、そのロジックは本当につながっているのかを批判的に問いかけること。人間には誰にもバイアスがあり、自分にとっての常識でもって要素をロジックでつなぎがちになる傾向があります。本当にそう言えるのか、それは誰から見ても明らかに因果として言えるのかを確認することで、問題解決につながるようなより精度の高いメカニズムを解明できるようになります。

How「で、どうする?」

What、Where、Why と段階を追っていけば、問題の所在はピンポイントで絞られていますし、それに伴って解決案もかなり具体性をもって絞られてくるはずです。可能であればこの段階でも一つの解決案に飛びつくのではなく、複数の解決案を用意して、それぞれのメリット・デメリットを比較し、加えてその解決案を実施した際にどのような副作用が生じるのかも想定しながら最終的に選択をすることができればベストだと思います。

以上が「分析をする」といったときに踏むべき４つのプロセスですが、特に中心になるのが真ん中の２つのステップ、すなわち Where と Why です。この２つについてはより深く考察をしていきましょう。

分析の定義

問いを立てて、分解、比較、差の抽出、解釈

いったん元に戻りましょう。そもそも「分析」とは何なのか？　私は分析を次のような定義でとらえています。

分析とは、ある問いに対して、分解して、比較して、意味のある差を抽出し、解釈すること

解決したい問題があるとして、それがなぜ問題として生じているのか、どのようにすれば解決できるのかという**問い**を立て、全体像をカタマリごとに**分解**しながら、どのカタマリに問題が生じていて、どのカタマリにおいては問題がないのかを区別し、カタマリ同士を**比較**することで、明らかにこのポイントで明確なるコントラスト（差）が生じているという点を突き止め、なぜその**差**が生まれているのかを仮説も含めて**解釈**をすること、これが分析です。

そしてこのようにして絞り込み、点として突き止めた課題をいかに解決するかの提案をするところまでいって、はじめて「**意味のある分析**」になると考えています。

逆に言うと、次のようなものは「分析」とは言えません。

●なんとなく思いついたことを原因と断言する

「売上が下がったなぁ……まあコロナだから仕方ないか？（本当にコロナウイルスの影響なのかどうか？　仮にそうだとしてもどういうメカニズムでどの因子にコロナウイルスの影響が与えられたのか、明らかにしていない）」

●なんとなく思いついたことを解決案として提示する

「売上が下がったなぁ……じゃあ値下げするか（価格が売上減少の要因と決定づけられるのか？　それ以外に考えられる要素としても、認知の問題、販路の問題、使用した人の満足度の問題など、売上が下がる要因は他にもたくさん考えられるのに、なぜ価格が適切な打ち手なのかまったくわからない）」

●単なる報告で終わってしまう

「今月の売上は昨年に比べて３％上がりましたが、予算に対しては２％未達です（「だから何？」という返答が返ってきそう。昨年よりも改善した理由は何で、予算と実績の差を生んでいるのはどの要因によるもので、いったいどうしてそのような乖離が生まれたのかのほうがよっぽど大事)」

では、いったいどういうものが分析なのか？　例えば自社の売上動向を「分析」する事例を考えてみましょう。先ほど定義づけしたように「分析とは、分解して、比較して、意味のある差を抽出して、解釈すること」です。

分解する

問題の全体像をカタマリごとに分解し、どのカタマリにおいてうまくいっているのか、もしくは課題があるのかを明らかにします。エリア別、業態別、カテゴリー別、年齢別、新規・再来の顧客区分別など、分解の軸は多数ありますが、これらの切り口で分解したときに、明らかなるコントラストが生まれるような切り口を見つけるのがまずは最初です。

基本となるのは「全体」から「部分」へと段階的に分解することであり、決め打ち的に詳細の「問題点」に着手しない、ということです。売上動向を分析するのであれば、例えば客数と客単価に分解する、客数も新規客と再来客に分解する、再来客も半年以内にリピートする頻度の高いユーザーと、そうでないユーザーとに分解する。このようにていねいに段階を追ってモレなくダブリなく分解していくことが大切です。

この分解の切り口が鋭いと、その後の分析プロセスがスムーズに進みます。これは経験やセンスによるところの多い領域でもあります。

比較する

「何か」と比較をすることで優劣を把握します。過去（例としては昨年や一昨年実績との比較、月次トレンドとの比較といった時系列での比較)、ライバル、目標といった、あるものと比べることで、うまくいっている、いっていないが明らかになります。比較対象の設定においてはそれぞれ利点と注意点がありますので、そこも整理をしておきましょう（**図表0-2**)。

図表0-2　比較対象の設定

比較対象	利点	注意点
過去との比較	• 過去からのトレンドの変曲点を見ることで、その点での変化の「意味」を見つけやすい • 自分自身との比較なので、条件がそろっており比較対象として適切であることが多い	• 非連続な変化が生じると、過去と比較する意味が薄れる（コロナ前と後を比べていいのか？） • 成功基準があいまいになりやすい（昨年比でプラスなら本当に「良い」のか？）
ライバルとの比較	• 目標達成に向けて士気が高まる可能性が高い • 適切なライバルとの比較であれば自分自身の強み・弱みを比較しやすい	• そのライバルが本当に比較対象として適切なのか、注意を払う必要がある • ライバルのデータ入手には限界がある
目標との比較	• 比較対象が「あるべき姿」に最も近い	• 目標の設定が恣意的になりやすく難しい（「現場のことも知らないで、こんな高い予算を落とし込むな！」といった不満）

差を抽出する

比較対象と比べて差を見たときに、その差の大きさを把握する。絶対値で比較する方法もありますし、率で比較する方法もありますが、どちらを使うかは「**明らかに意味がある差なのかどうか**」を確かめるために使い分けることがここでのポイントです。

解釈する

なぜそのような「結果」が生まれているのか、その「要因」となりうるものが何か、メカニズムを明らかにする。

ここで大切なのは、**「解釈」とは「実況中継」ではない**、ということです。売上レポートを見て、「首都圏の売上は昨年よりも○％下落しているが、近郊都市では昨年よりも△％成長しました」というのは、単に事実や数値を言語に直しただけの「実況中継」にすぎません。レポートを見ればわかるものは決して「解釈」ではありません。

解釈とは何か。そこに**自分なりの見解やその他事実を織り交ぜて、意味のあるメッセージを抽出する**ことです。

例えば先ほどの事例であれば、「コロナウイルス感染拡大にともなう、テレワークや外出自粛により、お客様の人流が勤務地である都市部から居住地近くの郊外へと移動し、その結果としてエリア全体での売上増減の変動が生じている（のではないか？）」とまで言ってはじめて「解釈」になります。当然この「解釈」が正しいかどうかは、今の段階ではわかりません。仮説にすぎないわけですが、この仮説があるから次のステップとしてヒアリングをしたり、現場を観察したり、人流データを見たりすることでその仮説が正しいかどうかの検証に進めることができます。

もちろんルーティン化している月次レポートなどはとても大切なものだと思っていますし、その重要性を否定はしません。ただしこれはいわば「分析」の入り口です。多くのレポートにおいては、さまざまな切り口でもって数値が記載されており、またさまざまな比較対象の数値が記載されていますが、これをただ「読む」だけで終わらせず、さらに問いをもって、その問いの答えを出すように深掘りしていく姿勢が必要になるということです。

ポイント

分析の基本10カ条

私は幸運なことに、大学を卒業してはじめてのキャリアにおいて分析の基本を上司や先輩からていねいに教えていただく機会に恵まれました。そこから自分なりに分析を生業とし、チームメンバーにもその要諦を伝えていく過程で、「良い分析とは何か？」ということを言語化するようになりました。

今から提示するのは、自分の経験や学習によって得た、分析を行う上での大事なポイント10カ条です。皆さんにとってもご参考になれば幸いです。

①分析の目的は「こうしたらうまくいく／失敗する」という因果律（ぽいもの）を見つける

なんとなくエクセルを開けて数値をいじる人もいますが、やはり大事なのはその分析を行う目的です。そしてその目的は基本的には「こうやったらうまくいく」「こうやったら失敗する」というメカニズムを解明することにあると思っています。

もちろん実社会はとても複雑で、自然科学のようにわかりやすい因果関係を見つけることは困難ではありますが、それでも因果律っぽいものを浮かび上がらせ、アクションにつながる示唆を生み出すことはできるのだろうなと思っています。だからいったん「分析」をしたら、それが成功・失敗の因果律をあぶり出しているのかを再度確認するようにします。

②分析の基本は、分解して比較して、あぶり出した差の意味を解釈する

先ほどから何度も書いてきました。分析の定義そのものずばりです。

③「だから何？（So What?）」でもなく「サプライズ」でもない、その間にある「なるほど‼」ゾーンを目指す

分析結果を報告したときに個人的に一番いやな反応は「だから何なの？」というもので、分析の意味自体を認めてもらえないこと。もちろんこの状態ではいかなるアクションも生まれません。一方で、奇をてらった「サプライズ」も避けるようにしています。あまりにもメッセージの受け取り手にとって驚くような新しい情報の場合、アクションどころかその分析の信ぴょう性のチェックに細かいところまで議論が及ぶからです。細かい点をチェックしてもらうのは別にかまわないのですが、決断するために時間を浪費してしまうことがもったいないと思うからです。こういうときは、本当に自分の分析結果は合理的なものなのかを確認する、またどのように伝えればサプライズをできるだけ避けられるかを検討します。

④「こうなんじゃないか（仮説）」を検証するには、どんなデータがあればい

いか、どんな分析結果があればいいか、逆算して考える

実は分析の答えはある程度最初の段階で見えていることが多いのです。これを仮説とも呼びますが、問いを立てて、全体を網羅した後になんとなく見えかけてきた答えらしきもの（仮説）を検証するために、どのようなデータ、分析結果があればいいかを考えるようにしています。このようにすることで時間と労力をもっとも効率的に使うことが可能になるからです。もちろん結論ありきの分析では意味がありませんので、仮説を検証する過程で、その仮説が間違っていると判明したら、そのタイミングであらためて仮説を立て直しましょう。

⑤マグニチュード（影響の大きさ）を意識する。ちまちましたところに焦点を当てても得るものは少ない

世の中にはさまざまな問いが存在します。すべてに対応することは時間的にも労力的にも不可能です。そうであれば、何が最も大きな影響を与えるのか、与えそうなのかを意識することは大事です。小さな問いであれば思い切って切り捨てる勇気も必要です。

⑥データ収集加工作業と、意味のある解釈を生み出す作業にかかる所要時間は9:1だが重要性はその逆で1:9。最後の重要なポイントの前に気を抜かない

大量のデータをさばき、エクセルやその他ツールを駆使してある結論が出て、ほっと一息……どころかそれで作業をやめてしまう人がいます。たしかにデータ収集および加工の作業には多大な時間と労力がかかりますが、この章で説明してきたように、最も大事なのは「意味のある解釈」を生み出すことです。この最後の重要ポイントに手を抜かないことは極めて大事なことだと思っています。

⑦デジタルツールを使いこなす。作業時間から己を解放し、意味のある解釈の抽出に最大限のエネルギーと時間を費やす

この本のテーマでもある、エクセルやその他デジタルツールを上手に使いこなすことは作業時間の大幅な短縮に結びつきます。エクセルをはじめデジタルツールは日進月歩で進化を遂げており、かつては考えられなかった大量のデータ処理、複雑なデータ処理を可能としました。よくコンセプトを大事にし、ツール自体をバカにする人も見受けられますが、ツールそのものをバカにするのではなく、そのツールを使いこなすことで、自分の時間と労力を意味のある解釈の抽出につなげるようにすることが大事だと思います。

⑧相手に伝えるときは「何が言えるのか（So What）」「根拠は何か（Rationale）」「前提は何か（Assumption）」を意識する

これは私が新人の頃に上司から常に言われた３つのキーワードです（このインドから来られた上司からは「Shoot you（お前、撃つぞ）」も含めてこの４つしか言われたことがありませんでした）。分析における意味のある解釈（メッセージ）は何か？　その根拠は何か？　その分析における前提条件は何か？　特に最後の前提条件の確認はとても大切だと思っています。というのは、分析を行う上ですべての事実を網羅しているわけではなく、ところどころに前提を置いて解釈をしているわけですが、当然のことながらその前提が変化すれば結論も変わってしまうので、本当に前提条件が合理的なのかは注意をする必要があると、新人の時期から常々意識をしています。

⑨筋の良いグラフやチャートなどのビジュアルは「口ほどにモノを言う」が、決してここに多大な時間をかけすぎない

目的に沿った適切なグラフやチャートを使うことで、文字よりも効果的にかつ効率的にメッセージを伝えることができます。そういう意味でグラフ、チャートは活用したほうがよいのですが、中にはそのグラフ、チャートをつくることに時間を多大に費やしてしまう人が多いのも事実。あくまでも大切なのは意味のある解釈であることを忘れないようにしましょう。

⑩ここまで書いてきてナニなのだが、分析において直感とセンスは結構大事だ

最後に身もふたもないことを申し上げますが、分析において（分析に限らず、何においてもですが）スキル向上で到達できるレベルには限界があると思っています。一言で言えば、直感的に鋭い切り口で物事にメスを入れることのできる視線、同じものを見ながらも独特のメッセージを抽出できるセンスというものは、アウトプットの質に影響を与える大事な要素だと思っています。センスはスキルのように習得するのではなく、日々の仕事の中で磨くもの。良いセンスのアウトプットに多数触れることで磨くものでもあります。アンテナを張って、自分以外の人が生み出した良質のアウトプットに多く触れるというのも大切だと考えています。

いかがでしょうか。分析の具体的なイメージがもてたでしょうか。

それでは次章からはあるビジネスにおける課題を基に、エクセルの機能を活用しながら「分析」を行い、意味のある解釈を行うプロセスについて学んでいきましょう。

Chapter 1

定量データからの顧客理解

Case Study

新任マーケティング担当者による顧客理解

あなたは古くからの友人に請われ、先日Ｚ社にマーケティング担当役員として入社した。Ｚ社は古着のＥコマースを展開するスタートアップ企業で、５年ほど前に創業者でＺ社代表のＭ氏が友人と一緒に立ち上げた企業である。もともとファッションに対して強いこだわりをもつ一部の人たち向けというイメージのある古着を、より多くの人たちにとっての身近な選択肢に加えてもらおうと「古着界のユニクロ」を目指している。

あなたはＺ社に入社する以前は、別の大手アパレル企業のマーケティングを担当していたが、その企業は顧客データを用いて定量的な顧客分析を行い、その分析結果と現場での肌感覚をうまく擦り合わせることで、巧みなマーケティング戦略を展開していると評価されていた。かつてＭ氏と食事を一緒にした際に、顧客データを活用したマーケティングの事例を話したところ、これまで勘と経験を中心に事業を運営してきたが、Ｚ社においても、あなたがもつそのノウハウを注入したいと請われたのである。何度かのやり取りを繰り返す中で、あなたはこのＺ社の「古着界のユニクロ」事業の将来性を感じるようになった。

あなたは本格的なマーケティング戦略を組み立てる前に、現在のＺ社の顧客がどのような特性をもつのかを知りたいと思っていた。「古着界のユニクロを目指す」ということだから、性別、職業、ファッションへのこだわり等についてもかなり幅広くカバーをしていることは想像できているのだが、定量データからより深くＺ社の顧客像というものを理解したいと思っていた。

Ｚ社は半年ほど前に簡単なアンケートを500名の顧客を対象に行っていた。当時は仮説を立ててヒアリングするなど考えてもおらず、なんとなく聞いておいたほうがいい、と思われる質問をぶつけただけなのだが、あなたはここからＺ社の顧客像を浮き彫りにし、そこから今後のメイン顧客となりうる顧客プロファイルをつくり出すことができるのではないかと考えた。

エクセルの基本機能を活用して、どこまで顧客像の解像度を上げられるだろうか。そしてどのような示唆を得ることができるだろうか。

イシューの特定

既存の顧客像を浮き彫りにする

入社したばかりで、いかなる情報ももっていないマーケティング担当者が、いきなりマーケティング戦略のコンセプトを打ち出すことはまず不可能です。最初の取り組みとしては「既存の顧客像がどのようなものなのか」を解像度高く浮かび上がらせ、現在抱えている不満や喜ばれている点を考慮しながら、Ｚ社が提供するべき価値とは何かを考えていくというプロセスが一般的です。

今回のイシューは、その原点である「既存の顧客像」を解像度高く浮き彫りにすること、ととらえてもいいでしょう。

Ｚ社は「古着界のユニクロ」を目指す、と言っていることから、おおよそどのようなビジネスモデルで、どのような顧客層、どのような価値提供をしようとしているのか想像ができます。この表現だけから推測するのであれば、「老若男女問わず、幅広い層に古着というファッション選択肢をもってもらいたい。そのためにトレンドや流行り廃り、奇抜な個性など関係ない、スタンダードなアパレルを相対的に安価な価格で提供する」といったところでしょうか。すると年齢や性別、職業はもちろん、ファッションセンスや服飾への投資額の大小問わず、幅広い層に支持されることがもともとの狙いと推測できそうです。

この推測が合っているのかどうか、合っていた場合それが顧客満足度につながっているのか、また合っていない場合はＺ社が提供している価値で意義あるものは何であるべきなのか、ということを、分析を通じて探していきたいと思います。

ところで市場調査には「**定性調査**」と「**定量調査**」の２つのタイプがあります。

「定性調査」とは、「消費者がなぜその商品を使うのか、潜在的なニーズやウォンツは何か」という消費者の意識構造を解明することを目的とし、ヒアリングをしながら商品や消費行動についての生の声を聞き、意識されたニーズはもちろんのこと、無意識下にある潜在ニーズが何かを聞き出すものです。

一方「定量調査」とは、「商品およびコンセプトがどのくらいの人に受け入れられるのか」を定量的に把握することを目的とし、対象となる消費者に対してアンケート等で良し悪し、好き嫌いなどの評価を聞き取りながら分布を把握するものです。**定性調査を先行させて、コンセプトの鍵になる仮説を探り、その仮説に基づいた商品コンセプトが受け入れられるかどうかを定量調査で検証するという流れが一般的**ですが、今回は特に定性調査がまったくない状態なので、「古着界のユニクロを目指す」というＺ社の方向性「だけ」を基にして定量調査に取り掛かります。

アプローチ

エクセルによる顧客像把握のステップ

今回、手元に500人からの回答データ（**図表1-1**）があります（https://str.toyokeizai.net/books/9784492558058/ よりダウンロードが可能です。パスワードは「mbaexcel」）ので、これを基にZ社の顧客像を浮き彫りにしていきます。

まずは、これを単純に質問ごとに集計してみましょう。COUNTIF関数（条件に合った項目を数えるための関数）を使います（COUNTIF関数については208ページを参照）。それぞれの質問に対する回答の集計結果は**図表1-2**となります。

いくつかデータが示すことを書き記してみます。

- 男女比でいうと女性が3分の2を占め、年齢層では20代～30代前半が中心である（F1とF2）。

図表1-1　Z社顧客500人へのアンケートに対する回答データ

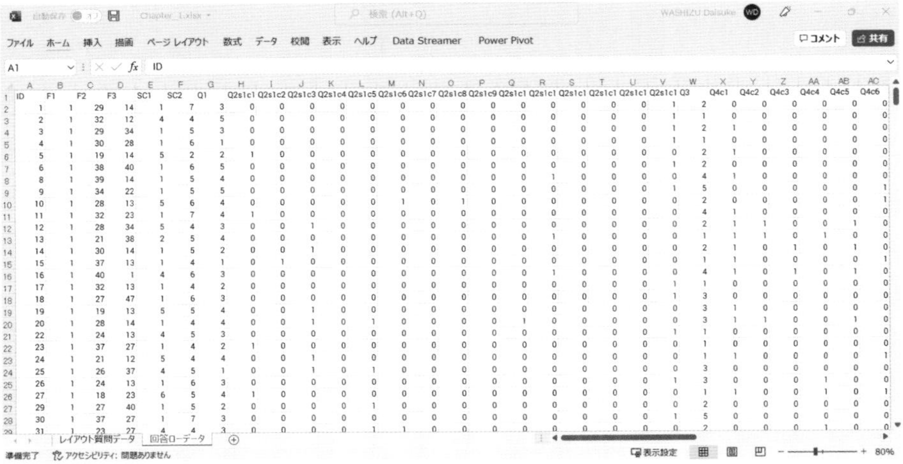

	A	B	C	D	E	F	G	H	I	J	K	L	M	N	O	P	Q	R	S	T	U	V	W	X	Y	Z	AA	AB	AC
1	ID	F1	F2	F3	SC1	SC2	Q1	Q2s1c1	Q2s1c2	Q2s1c3	Q2s1c4	Q2s1c5	Q2s1c6	Q2s1c7	Q2s1c8	Q2s1c9	Q2s1c1	Q2s1c1	Q2s1c1	Q2s1c1	Q2s1c1	Q2s1c1	Q3	Q4c1	Q4c2	Q4c3	Q4c4	Q4c5	Q4c6
2	1	1	29	14	1	7	3	0	0	0	0	0	0	0	0	0	0	0	0	0	0	1	2	0	0	0	0	0	0
3	2	1	32	12	4	4	5	0	0	0	0	0	0	0	0	0	0	0	0	0	0	1	1	0	0	0	0	0	0
4	3	1	29	34	1	5	3	0	0	0	0	0	0	0	0	0	0	0	0	0	0	1	2	1	0	0	0	0	0
5	4	1	30	28	1	6	1	0	0	0	0	0	0	0	0	0	0	0	0	0	0	1	1	0	0	0	0	0	0
6	5	1	19	14	5	2	2	1	0	0	0	0	0	0	0	0	0	0	0	0	0	0	2	1	0	0	0	0	0
7	6	1	38	40	1	6	5	0	0	0	0	0	0	0	0	0	0	0	0	0	0	1	2	0	0	0	0	0	0
8	8	1	39	14	1	5	4	0	0	0	0	0	0	0	0	0	0	1	0	0	0	0	4	1	0	0	0	0	0
9	9	1	34	22	1	5	5	0	0	0	0	0	0	0	0	0	0	0	0	0	0	1	5	0	0	0	0	0	1
10	10	1	28	13	5	6	4	0	0	0	0	0	1	0	1	0	0	0	0	0	0	0	2	0	0	0	0	0	1
11	11	1	32	23	1	7	4	1	0	0	0	0	0	0	0	0	0	0	0	0	0	0	4	1	0	0	0	0	0
12	12	1	28	34	5	4	3	0	0	1	0	0	0	0	0	0	0	0	0	0	0	0	2	1	1	0	0	1	0
13	13	1	21	38	2	5	4	0	0	0	0	0	0	0	0	0	0	1	0	0	0	0	1	1	1	0	1	0	0
14	14	1	30	14	1	5	2	0	0	1	0	0	0	0	0	0	0	0	0	0	0	0	2	1	0	1	0	1	0
15	15	1	37	13	1	4	1	0	1	0	0	0	0	0	0	0	0	0	0	0	0	0	1	1	0	0	0	0	1
16	16	1	40	1	4	6	3	0	0	0	0	0	0	0	0	0	0	1	0	0	0	0	4	1	0	1	0	1	0
17	17	1	32	13	1	4	2	0	0	0	0	0	0	0	0	0	0	0	0	0	0	1	1	0	0	0	0	0	0
18	18	1	27	47	1	6	3	0	0	0	0	0	0	0	0	0	0	0	0	0	0	1	3	0	0	0	0	0	0
19	19	1	19	13	5	5	4	0	0	1	0	0	0	0	0	0	0	0	0	0	0	0	3	1	0	0	0	0	0
20	20	1	28	14	1	4	4	0	0	1	0	1	0	0	0	0	1	0	0	0	0	0	3	1	1	0	0	1	0
21	22	1	24	13	4	5	3	0	0	0	0	0	0	0	0	0	0	0	0	0	0	1	1	0	0	0	0	0	0
22	23	1	37	27	1	4	2	1	0	0	0	0	0	0	0	0	0	0	0	0	0	0	1	0	0	0	0	0	0
23	24	1	21	12	5	4	4	0	0	1	0	0	0	0	0	0	0	0	0	0	0	0	1	1	0	0	0	0	1
24	25	1	26	37	4	5	1	0	0	1	0	1	0	0	0	0	0	0	0	0	0	0	3	0	0	0	0	0	0
25	26	1	24	13	1	6	3	0	0	0	0	0	0	0	0	0	0	0	0	0	0	1	3	0	0	0	1	0	0
26	27	1	18	23	6	5	4	1	0	0	0	0	0	0	0	0	0	0	0	0	0	0	1	1	0	0	1	0	1
27	29	1	27	40	1	5	2	0	0	0	0	1	0	0	0	0	0	0	0	0	0	0	2	0	0	0	0	0	0
28	30	1	37	27	1	7	3	0	0	0	0	0	0	0	0	0	0	0	0	0	0	1	5	0	0	0	0	0	0
29	31	1	23	27	4	4	3	0	0	0	0	1	1	0	0	0	0	0	0	0	0	0	2	0	0	0	1	0	0

図表1-2 回答データ集計結果

F1の質問：あなたの性別をお答えください（お答えは1つ）

F1	人数	比率
男性	173	35%
女性	327	65%
合計	500	100%

F2の質問：あなたの年齢をお答えください（お答えは半角数字で）

F2	人数	比率
10~14	1	0%
15~19	50	10%
20~24	124	25%
25~29	74	15%
30~34	101	20%
35~39	77	15%
40~	73	15%
合計	500	100%

F3の質問：あなたのお住まいの地域をお答えください（お答えは1つ）

F3	人数	比率
東京都	94	19%
大阪府	39	8%
埼玉県	37	7%
愛知県	34	7%
神奈川県	33	7%
福岡県	26	5%
千葉県	24	5%
兵庫県	23	5%
京都府	17	3%
広島県	17	3%
北海道	15	3%
宮城県	12	2%
新潟県	10	2%
静岡県	10	2%
群馬県	9	2%
その他	100	20%
合計	500	100%

SC1の質問：あなたの職業をお答えください（お答えは1つ）

SC1	人数	比率
フルタイム勤務	260	52%
大学生・大学院生	80	16%
高校生以下	14	3%
主婦・主夫（専業）	44	9%
パート・アルバイト	98	20%
その他	4	1%
合計	500	100%

SC2の質問：あなたは現在、被服費に月どのくらいのお金を使っていますか（お答えは1つ）

SC2	人数	比率
3000円未満	1	0%
3000円～5000円	15	3%
5000円～10000円	45	9%
10000円～20000円	109	22%
20000円～30000円	203	41%
30000円～50000円	71	14%
50000円以上	56	11%
合計	500	100%

Q1の質問：あなたは、自分の服飾センスに自信はありますか（お答えは1つ）

Q1	人数	比率
ある	57	11%
まずまずある	133	27%
どちらともいえない	152	30%
あまりない	84	17%
ない	74	15%
合計	500	100%

Q2の質問：あなたのファッションへのこだわりを教えてください（お答えは3つまで）

Q2	人数	比率
異性からの評判	77	15%
同性からの評判	64	13%
かわいさ	90	18%
クールさ	22	4%
大人っぽさ	129	26%
ワイルドさ	54	11%
男らしさ／女らしさ	16	3%
上品な	43	9%
カジュアルな	5	1%
クラシックの	58	12%
流行の	114	23%
自分らしさ	61	12%
憧れの有名人に似た	18	4%
その他	9	2%
特になし	123	25%

Q3の質問：通常、古着を買われる場所(リアル店舗、Eコマース問わず）は何店ですか。弊サイトを含めお答えください（お答えは1つ）

Q3	人数	比率
1店	204	41%
2店	127	25%
3店	66	13%
4店	57	11%
5店以上	45	9%
その他	1	0%
合計	500	100%

Q4の質問：あなたが、ファッションに関してよく使う情報収集手段は何ですか。複数ある方は3つまでお答えください（お答えは3つまで）

Q4	人数	比率
ファッション誌	202	40%
雑誌（ファッション誌以外）	78	16%
テレビ	43	9%
SNS	60	12%
アプリ	81	16%
WEB	128	26%
メルマガ	18	4%
音声メディア	6	1%
書籍	44	9%
店頭での情報	74	15%
友人・知人	42	8%
その他	3	1%
情報収集はしていない	144	29%

Q5の質問：あなたは弊サイトの品ぞろえについてどう感じられていますか（お答えは1つ）

Q5	人数	比率
非常に多い	15	3%
多い	34	7%
普通	223	45%
少ない	123	25%
非常に少ない	0	0%
わからない	43	9%
考えたこともない	62	12%
合計	500	100%

Q6の質問：あなたは弊サイトの価格をどう思われますか（お答えは1つ）

Q6	人数	比率
安い	75	15%
やや安い	156	31%
適切	190	38%
やや高い	47	9%
高い	32	6%
合計	500	100%

Q7の質問：あなたのファッションは他の人に評価されていると思いますか（お答えは1つ）

Q7	人数	比率
はい	234	47%
いいえ	48	10%
わからない	218	44%
合計	500	100%

Q8の質問：あなたにとってファッションとは何ですか。最もあてはまるものをお答えください（お答えは1つ）

Q8	人数	比率
自分らしさを表すもの	222	44%
気分転換	62	12%
身だしなみ	42	8%
面倒だがせざるをえないもの	51	10%
気持や思いを伝えるもの	54	11%
暇つぶし	26	5%
ステータスシンボル	26	5%
その他	1	0%
特になし	16	3%
合計	500	100%

Q9の質問：あなたが、ご存じの店を選んでください（お答えはいくつでも）

Q9	人数	比率
その他	137	27%
I	99	20%
H	85	17%
J	70	14%
Y	54	11%
K	49	10%
C	42	8%
B	39	8%
L	37	7%
A	33	7%
G	32	6%
N	32	6%
V	32	6%
T	31	6%
O	30	6%
S	30	6%
M	28	6%

Q10の質問：あなたは、弊社サイトで買い続けたいですか（お答えは1つ）

Q10	人数	比率
はい	279	56%
いいえ	58	12%
わからない	163	33%
合計	500	100%

● 顧客の居住地域は、ほぼ全国の人口分布と同じように首都圏、関西圏、愛知および福岡が多いが、東京都の人口は全人口比で10％ほどなのに対し、Z社のアンケートでは東京在住の人の回答者数は２割弱という結果から推測すると、都市部の顧客層が多いと思われる（F3)。
● 仕事をしている人が中心で、ファッションに対する支出は２万円～３万円という人が多い。この層の可処分所得（月あたり25万円～30万円）からすると、比較的ファッションに対する投資額が多い層ではないか（SC1とSC2)。
● 自分自身のファッションセンスへの自信に関しては、「どちらともいえない」という中間的な回答を中心にしてばらつきがある印象。特にここからは言えることはなさそう（Q1)。
● ファッションへのこだわりを見ると、「大人っぽさ」「流行の」がそれぞれ25％程度。次いで、「かわいさ」「異性からの評判」「同性からの評判」が続く。複数回答のため、「大人っぽさ」と「かわいさ」が両立しているのか、それとも別々の層が存在しているのかはこれだけではわからない（Q2)。
● このサイトのみを利用しているという回答が41％と最も多く、「２店舗（この店ともう１店)」という回答が続く。Z社サイトを利用している人に対する調査でしかないが、古着に関してはある特定の店で買い続けるという傾向がありそうだ（Q3)。
● 情報源としては「ファッション誌」がダントツで40％。「WEB」が26％と続くが、「情報収集はしていない」という独自路線を歩む人も29％と多い（Q4)。
● 品ぞろえに関しては「普通」と答える層が多く、次いで「少ない」。大きな問題はなさそうだが、品ぞろえの多さを売りにしている店ではなさそう（Q5)。
● 価格に関しては「安い」「やや安い」が合わせて46％と多く、リーズナブルな価格で提供する店という認識があることがうかがえる（Q6)。

- 自分自身のファッションが他人に評価されていると答えた人が47%と、評価されていないと回答した人の10%に比べて非常に高い。ただし「わからない」という中間的な回答も多いので、ここからどこまで断定的なことが言えるかは注意したほうがよさそう。
  面白いのは、Q1「あなたは、自分の服飾センスに自信はありますか」という質問（つまり自分の自覚を問う質問）への回答では特徴はなかったが、「周りの人からはセンスが良いと思われている人（つまり他人からの評価が高いと思っている人）」がこのサイトを使っていることがうかがえる（Q7）。
- ファッションは「自分らしさを表すもの」、単なる機能性ではなく、マズローの５段階欲求でいうところの高次な欲求を満たす手段ととらえている人が多い（Q8）。
- 知っている店に対する回答として「その他」が多いということで、かなりライバルが多く、多くのサイトが存在しているということがうかがえる（Q9）。
- 「今後もこのサイトで買い続けたいか」の質問に対し「はい」と回答した人が56%と、「いいえ」と回答した人の12%をはるかに超えて、４倍以上となっている。好意的な意見が多数ということで、この500名の回答者は、購買者を代表したサンプルととらえてはいけないということがわかる。よって、Ｚ社に対するネガティブな意見はこのアンケートからは十分には聞けない可能性もあるし、アンケート結果についてもバイアスがかかっている可能性はあることに注意したい（Q10）。

以上、今回の定量調査アンケートに対して回答してくれた人の答えをまとめてみると、

「Ｚ社の顧客層というのは、EC ということで全国的にカバーしているが、都市部の人が多い」「20代〜30代前半の働いている人が中心で、他人から自

分のファッションを評価されていると考えている人が多い」「**品ぞろえが充実しているサイトというよりは、価格がリーズナブルであるサイトと評価をしている人が多い**」

といったところでしょうか。

もちろん単純に集計をしただけでは今回の目的とする「今後のマーケティング戦略を考える際に重要となるターゲット顧客の具体像」はわかりません。例えば「Z社をこれからも使いたい人」と「Z社を今後は使いたくない人」の間にはどのような差が生まれるのか、もしそこに顕著な差が生まれるのであれば、Z社の提供するコンセプトおよびサービスを積極的に受け入れてくれる人がどのような層なのかが浮き彫りになるはずです。

分析手段としてはピボットテーブルを使ってみましょう。前述したように「Z社をこれからも使いたい人・使いたくない人」をフィルターにして、比較をしながらどの点に差が生まれるかを見ていきます。ピボットテーブルを使うことで、好きなようにフィルターをかけてクロス集計をすることができますから、例えば、「サイトを継続的に利用している人・一度しか利用しなかった人」や「男女」といった属性の違いで、どのような違いが生じるのかを知ることによって、新たな発見があるかもしれません。

Column　クロス集計に力を発揮するピボットテーブル

ピボットテーブルは、エクセルにおいてデータを自由自在に集計することのできる機能です。計算に必要な関数等を使わず、視覚的にも使いやすいので、もしご存じでない方がいらっしゃったら、この機会に習得することをお勧めします。

ピボットテーブルは、クロス集計に力を発揮します。クロス集計とはさまざまな情報を含んだデータの中から、2つの要素を掛け合わせて（クロスさせて）集計する方法のことを指します。具体的なデータを用いて簡単に説明します。

例えば、ある学習塾における個人別の国語・数学の点数一覧表があるとします（図表1-3）。

全部で26名の塾生がいて、それぞれの性別および通っている中学名がリスト化されています。このようなデータベースを基に、自分の分析したい軸で簡単に集計することができるのがピボットテーブルという機能です。

リボン（目的別に機能をまとめてあるタブ型メニュー）の「挿入」タブか

図表1-3　ある学習塾の国語・数学の点数一覧表

	A	B	C	D	E	F
1	クラス	性別	学校	国語	数学	合計
2	A	男	第二中	67	22	89
3	A	男	第一中	98	61	159
4	A	女	第一中	93	42	135
5	A	女	東中	91	42	133
6	A	男	東中	38	44	82
7	A	男	第一中	29	81	110
8	A	男	東中	92	55	147
9	A	女	北中	31	41	72
10	A	男	東中	56	64	120
11	A	女	第一中	81	59	140
12	A	女	第一中	90	84	174
13	A	女	第二中	76	94	170
14	A	男	第一中	46	80	126
15	A	男	第二中	54	68	122
16	B	男	第一中	61	84	145
17	B	女	第一中	41	30	71
18	B	男	第一中	39	60	99
19	B	男	北中	76	78	154
20	B	女	北中	77	85	162
21	B	女	東中	21	65	86
22	B	女	東中	56	98	154
23	B	女	北中	66	80	146
24	B	女	第一中	30	66	96
25	B	男	第二中	29	50	79
26	B	女	第二中	43	32	75
27	B	男	北中	52	52	104
28						

ら「テーブル」内にある「ピボットテーブル」を選択し、「テーブルまたは範囲からのピボットテーブル」を選択すると、**図表1-4**のようなポップアップが表示されます。

今回はセルA1からセルF27まで取り込みたいので、ウィンドウ上部にある「テーブル／範囲」において適切にデータ選択していることが確認できたらOKボタンを押します。すると**図表1-5**のようなシートが新たにつくられました。

図表1-4　「テーブルまたは範囲からのピボットテーブル」のポップアップ

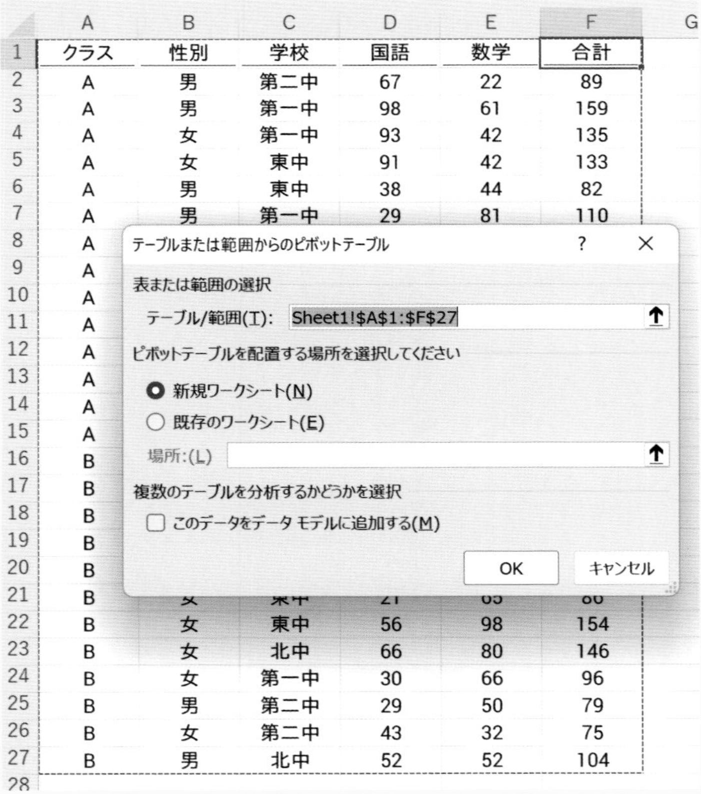

図表1-5　フィールドリスト付きの新しいテーブルが作成される

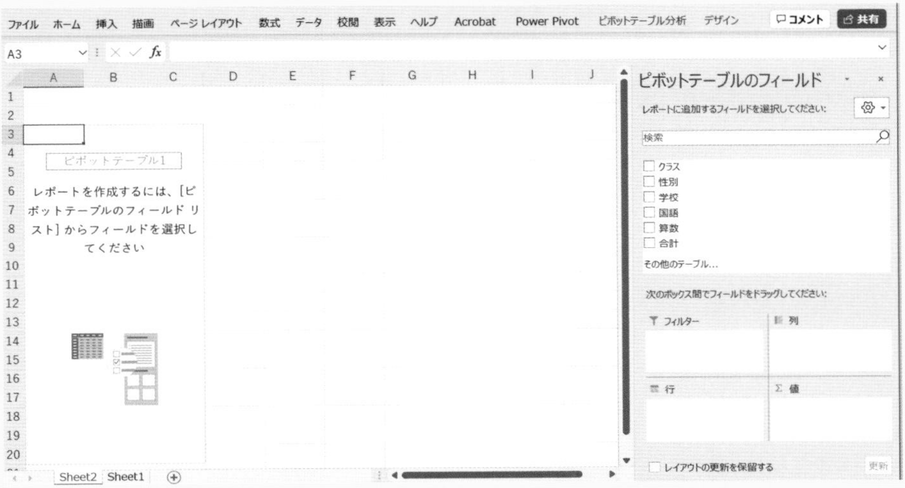

例えば、クラスごと・性別ごとに国語の平均点を見ることにしましょう。右側の「ピボットテーブルのフィールド」のところで、縦軸（列）に「クラス」、横軸（行）に「性別」、そしてみるべき指標が「国語」になるので、それを「Σ値」にドラッグします。すると図表1-6のように、ピボットテーブル上に数値が表記されました。

「Σ値」の欄を見てみると「合計 / 国語」とあります。つまりクラスごと・性別ごとに国語の点数の合計を集計していることがわかります。今回は平均点を表示したいので、ピボットテーブルの範囲内で右クリックし、生じたポップアップにおいて「値の集計方法」から「平均」を選択します（図表1-7）。

これでクラスごと・性別ごとの国語の平均点が表示されました（図表1-8）。

性別ごとで表示されている部分を学校ごとに変更したい場合は、右側の「ピボットテーブルのフィールド」のリストにある「性別」のチェックを外し、「学校」を「列」にドラッグすると、今度はクラスごと・学校ごとの国語の

図表1-6　クラスごと、性別ごとに国語の点数を集計

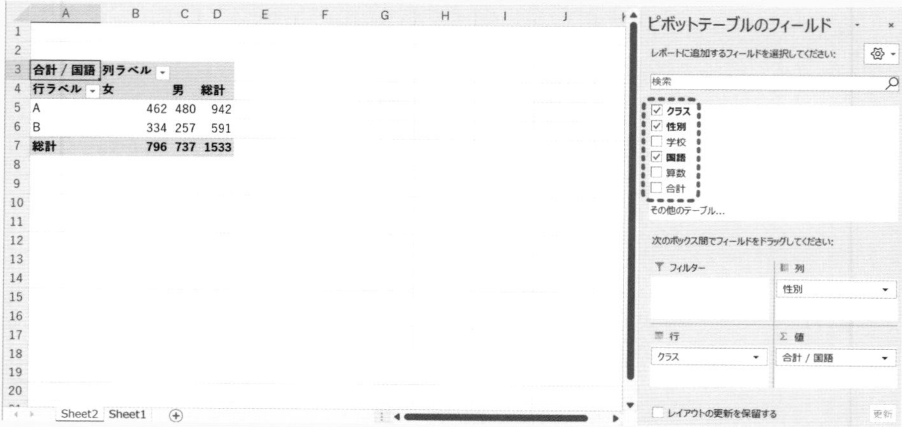

図表1-7　合計点数を平均点へ変更する

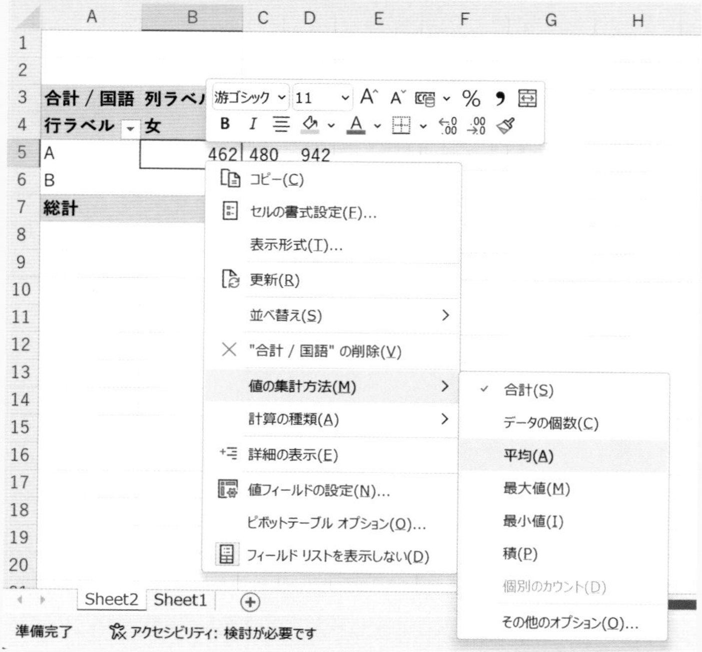

図表1-8　クラスごと・性別ごとの国語の平均点

図表1-9　「クラスごと・性別ごと」から「クラスごと・学校ごと」に変更する

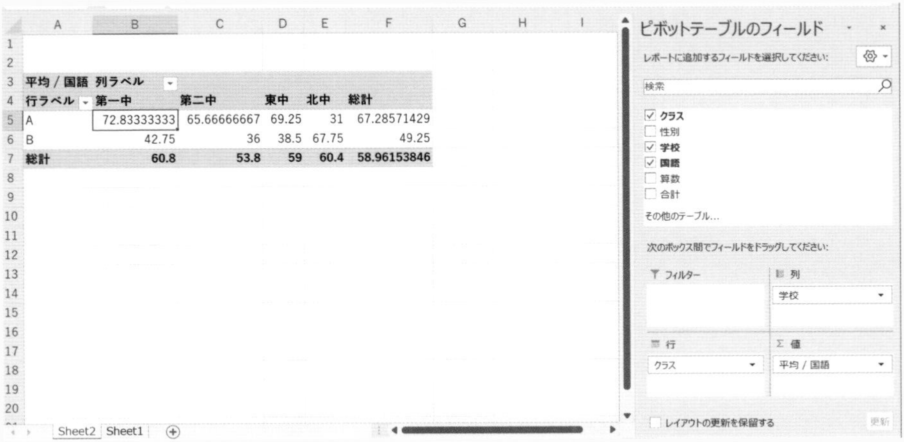

平均点が表示されました（図表1-9）。

以上、簡単にピボットテーブルを紹介しましたが、このように複数のデータを含むデータベースがあったときに、自分が見たい切り口で縦横組み合わせたクロス集計を簡単に実施できるのがピボットテーブルです。

顧客像把握のための集計とグラフ化、クロス分析を行う

基本的には図表1-1のローデータを使用しますが、年齢のところを加工したいと思います。現在は回答者の実年齢が載っていますが、このまま分析を始めると年齢分布が広くなってしまうので、年齢層を５歳ごとに区分してグループ分けしたいと思います。ローデータのＣ行にある「F2」というタイトルがつけられた部分が該当します（余談ですが、Ｆというのは Fundamental ＝基本情報の意味でしょうか）。

「F2」の加工系として新しい列を挿入し、「F2-b」とします。準備ができたらここからは簡単なティップスのご紹介。「ROUNDDOWN」関数を用いて５歳刻みでの把握をしたいと思います。**ROUNDDOWN 関数はいわゆる「小数点何位以下を切り捨てる」という関数**で、今回はF2の年齢の数値を５で割って、小数点ゼロ、すなわち小数点以下を切り捨てるという命令をしています。いったん５で割って小数点以下を切り捨て、改めて５を乗ずることで、５歳刻みの年齢となります。すなわち、20歳から24歳の人であれば「20」とし、25歳から29歳の人は「25」というように、５歳単位で切り捨ててまとめます。あとは２行目以下のセルにコピー＆ペーストしていくことで、５歳刻みに変更した「年齢層」の列は出来上がりです（**図表1-10**）。

回答者全員を５歳刻みで再分類したところで、ピボットテーブルを作成し、データの集計と視覚化の作業を行っていきましょう。ツールバーの「挿入」→「ピボットテーブル」を選択すると、ピボットテーブルでクロス集計するデータ範囲を聞いてくるので、全範囲である「A1:BP501」を指定します（**図表1-11**）。

これでピボットテーブルを用いたクロス集計の準備が整いました。あとは検証したい「問い」を立てて、その答えを定量的に確認していきましょう。

今回は「Ｚ社のファンとなりうる顧客層と、そうでない層との違いはどこ

図表1-10 ROUNDDOWN 関数

	A	B	C	D	E	F	G	H	I
1	ID	F1	F2	F2-b	F3	SC1	SC2	Q1	Q2s1c1
2	1	1	29	25	14	1	7	3	0
3	2	1	32	30	12	4	4	5	0
4	3	1	29	25	34	1	5	3	0
5	4	1	30	30	28	1	6	1	0
6	5	1	19	15	14	5	2	2	1
7	6	1	38	35	40	1	6	5	0
8	8	1	39	35	14	1	5	4	0
9	9	1	34	30	22	1	5	5	0
10	10	1	28	25	13	5	6	4	0
11	11	1	32	30	23	1	7	4	1
12	12	1	28	25	34	5	4	3	0
13	13	1	21	20	38	2	5	4	0
14	14	1	30	30	14	1	5	2	0
15	15	1	37	35	13	1	4	1	0

図表1-11 全範囲を指定してピボットテーブルを作成

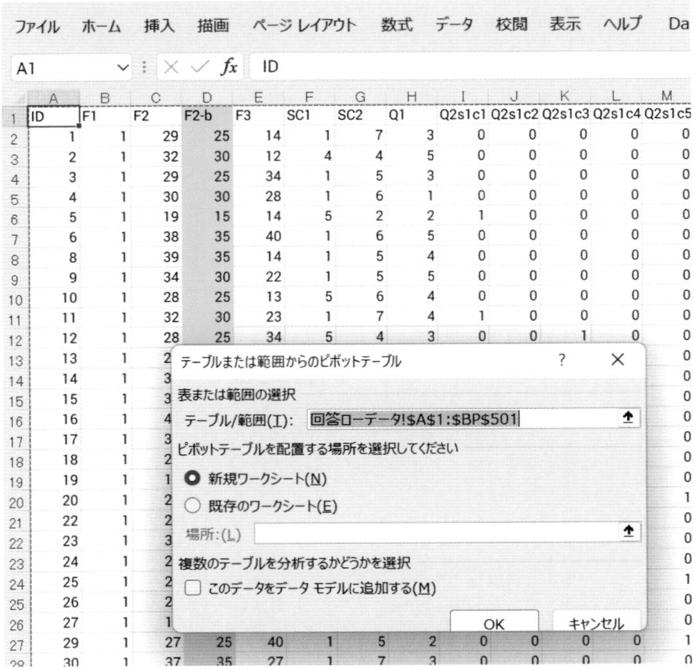

	A	B	C	D	E	F	G	H	I	J	K	L	M
1	ID	F1	F2	F2-b	F3	SC1	SC2	Q1	Q2s1c1	Q2s1c2	Q2s1c3	Q2s1c4	Q2s1c5
2	1	1	29	25	14	1	7	3	0	0	0	0	0
3	2	1	32	30	12	4	4	5	0	0	0	0	0
4	3	1	29	25	34	1	5	3	0	0	0	0	0
5	4	1	30	30	28	1	6	1	0	0	0	0	0
6	5	1	19	15	14	5	2	2	1	0	0	0	0
7	6	1	38	35	40	1	6	5	0	0	0	0	0
8	8	1	39	35	14	1	5	4	0	0	0	0	0
9	9	1	34	30	22	1	5	5	0	0	0	0	0
10	10	1	28	25	13	5	6	4	0	0	0	0	0
11	11	1	32	30	23	1	7	4	1	0	0	0	0
12	12	1	28	25	34	5	4	3	0	0	1	0	0
13	13	1	2										0
14	14	1	3										0
15	15	1	3										0
16	16	1	4										0
17	17	1	3										0
18	18	1	2										0
19	19	1	1										0
20	20	1	2										1
21	22	1	2										0
22	23	1	3										0
23	24	1	2										0
24	25	1	2										1
25	26	1	2										0
26	27	1	1										0
27	29	1	27	25	40	1	5	2	0	0	0	0	1
28	30	1	37	35	27	1	7	3	0	0	0	0	0

からきているのか？」という問いを立ててみます。Q10の質問「あなたは、弊社サイトで買い続けたいですか？」の答えは、このＺ社のファンとなりうる支持層とファンとなりそうにない非支持層を明確に分ける質問です。この両者の傾向値の違いを見ることで、Ｚ社がどのような価値提供をしていけばいいのか、ヒントがわかりそうです。よってここからはQ10への回答を一つの軸にして傾向値を見ていきましょう。

ファッションセンスとサイト支持層・非支持層の関係

ピボットテーブルにおいて、Q10を行、Q1を列、そしてIDの個数をΣ値に入れると**図表1-12**のようなデータが取れます。数値だけでもいいのですが、見やすくするためにグラフ化（ピボットテーブルにカーソルを当てると、ツールバーに「ピボットテーブル分析」が出るので、そこから「ピボットグラフ」を選択し、縦棒グラフをつくっています）しています。今回はファンとなりうる支持層・ファンとなりそうにない非支持層の回答総数に違いがあるのですが、傾向値を見たいため、全体を100としたときの割合を見ることにしましょう。

すると横軸であるQ10「あなたは、弊社サイトで買い続けたいですか？」に対する回答、すなわち「１　はい（今後もこのサイトを使う支持層）」「２　いいえ（今後は使わない非支持層）」によって、Q1「あなたは、自分の服飾センスに自信はありますか」の回答が大きくばらつきがあることがわかりました。すなわち、Ｚ社のサイトを継続利用する意思のある「ファンとなりうる」人の６割弱がQ1の質問に「１　（自信が）ある」「２　まずまずある」と答えているのに対し、継続利用する気のない「ファンとなりそうにない」人で「（自信が）ある」「まずまずある」と答えた人は１割に満たないとなっています。どうやら「古着界のユニクロ」を目指し、多くの人たちに使用してもらいたいという意図はありつつも、実際に「ファンとなりうる」顧客層は、ファッションセンスに自信がある人が中心になっているようです。

似たような質問がQ7にもありました。Q7は「あなたのファッションは他の人に評価されていると思いますか」という質問ですが、Q1が自分自身の自信について聞いているのに対し、Q7は他人から評価されているか、という質問です。これも同じように「ファンとなりうる」層・「そうでない」層でどのようなコントラストがあるのかを見てみることにしましょう（図表1-13）。

もともとZ社の顧客は「他人からファッションセンスが評価されている」と答えた人の割合が多かったわけですが、支持層・非支持層でその差が顕著に表れているわけではなさそうです。ただし、若干ではありますが、やはり継続利用したいと思う「ファンとなりうる」支持層は「他人からファッションセンスが評価されている（Q7の回答１）」と自覚している人が多いことがわかりました。

Q1とQ7の回答の差から見るに、やはり「ファンとなりうる」支持層というのは、「自他ともに認めるファッションセンスのある人」であり、とりわけ「ファッションセンスに自信があると自分で自覚している人」で、もともとZ社が目指す「古着界のユニクロとして、老若男女問わず多くの人に使ってもらいたい」という方向性とは差が生まれていることがうかがえます。

服に対してかける金額とサイト支持層・非支持層の関係

支持層・非支持層の間で、ファッションに対する意識レベルに差があるかどうかを確かめたいと思います。直接的に聞くことはできませんが、今回はSC2「あなたは現在、被服費に月どのくらいのお金を使っていますか」の質問と相関性があると仮定します。つまり、金額が高ければファッションに対する意識が高く、金額が低ければファッションよりも消費を優先させるものがほかにあると考えます。この問いを確かめるためにQ10とSC2でのクロス集計をしてみましょう（図表1-14）。

するとここでも支持層・非支持層の間で違いが表れました。平均的な購買金額は同じでも、支持層は月間１万円〜３万円に集中（回答が４〜５の人。支持層全体の64%）しているのに対し、非支持層ではばらつきが見られます。

図表1-12 **クロス集計①**

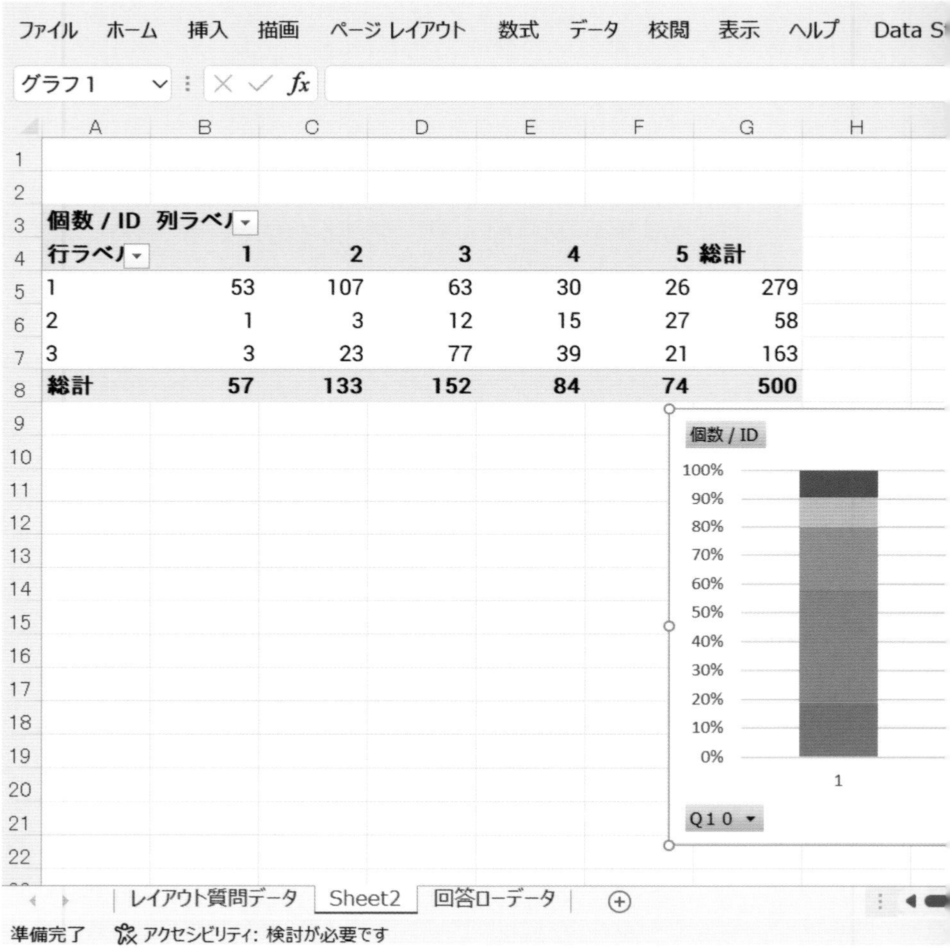

個数 / ID	列ラベル					
行ラベル	1	2	3	4	5	総計
1	53	107	63	30	26	279
2	1	3	12	15	27	58
3	3	23	77	39	21	163
総計	57	133	152	84	74	500

Q1 「あなたは、自分の服飾センスに自信はありますか」の回答：

■1 ある ■2 まずまずある ■3 どちらともいえない ■4 あまりない ■5 ない

Q10「あなたは、弊社サイトで買い続けたいですか」の回答：

1 はい 2 いいえ 3 わからない

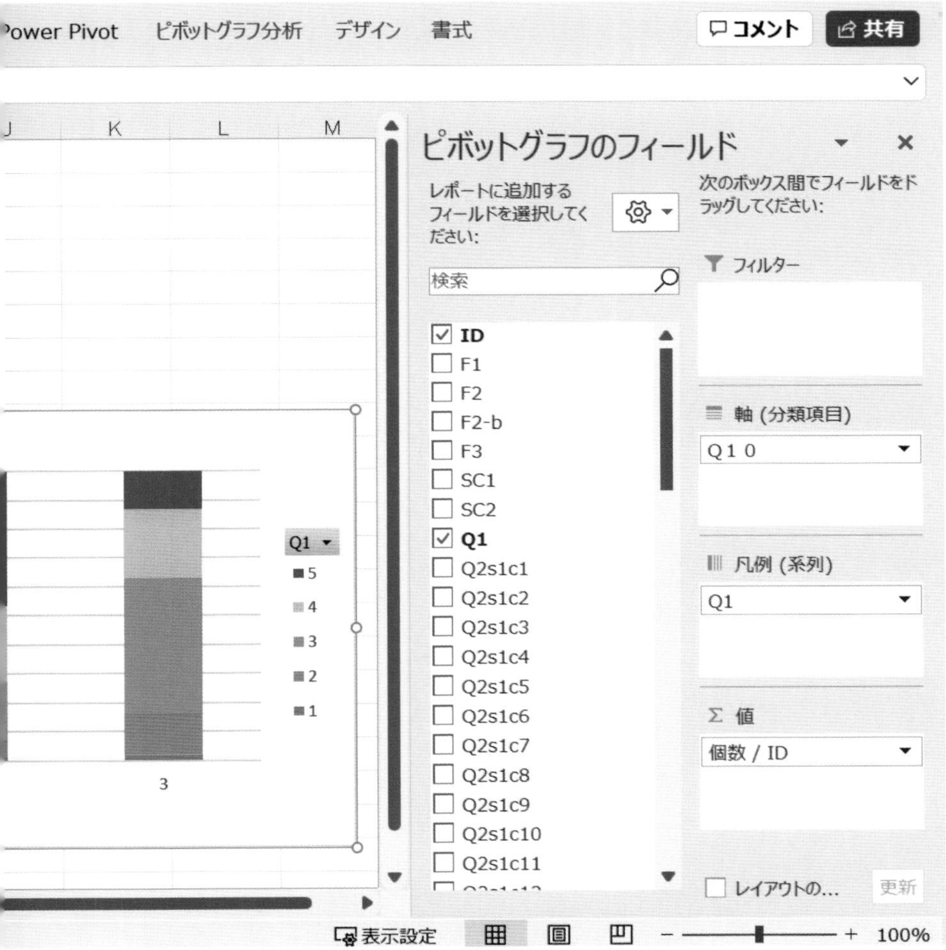
Power Pivot
ピボットグラフ分析
デザイン
書式
コメント
共有
J
K
L
M
Q1
5
4
3
2
1
3
ピボットグラフのフィールド
レポートに追加するフィールドを選択してください:
検索
ID
F1
F2
F2-b
F3
SC1
SC2
Q1
Q2s1c1
Q2s1c2
Q2s1c3
Q2s1c4
Q2s1c5
Q2s1c6
Q2s1c7
Q2s1c8
Q2s1c9
Q2s1c10
Q2s1c11
次のボックス間でフィールドをドラッグしてください:
フィルター
軸 (分類項目)
Q10
凡例 (系列)
Q1
値
個数 / ID
レイアウトの...
更新
表示設定
100%

図表1-13　クロス集計②

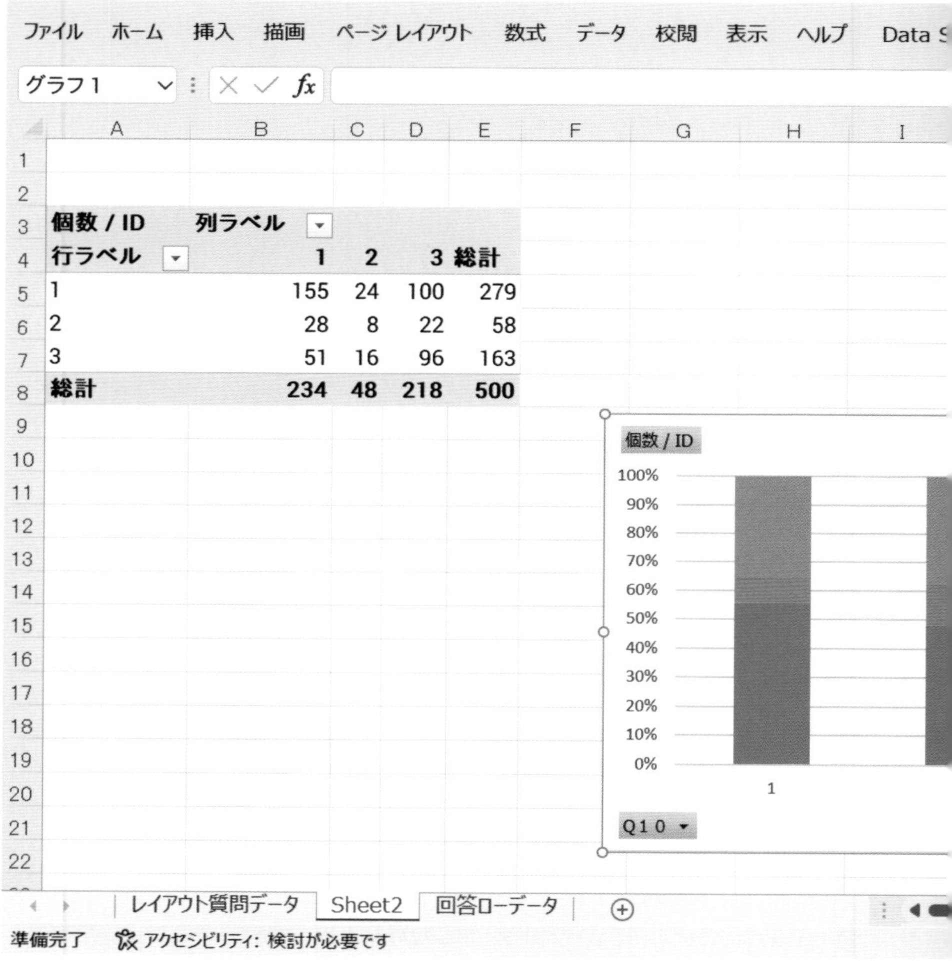

Q7　「あなたのファッションは他の人に評価されていると思いますか」の回答：
■1　はい　　■2　いいえ　　■3　わからない

Q10「あなたは、弊社サイトで買い続けたいですか」の回答：
1　はい　　2　いいえ　　3　わからない

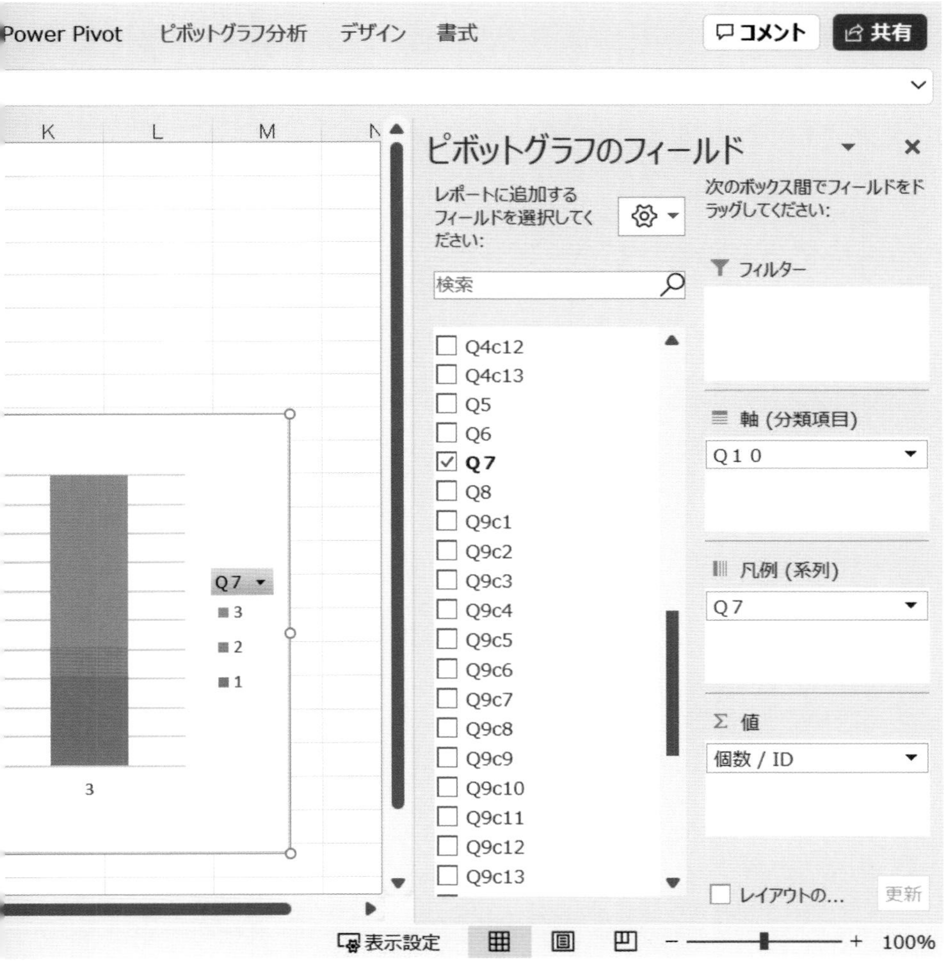
Power Pivot
ピボットグラフ分析
デザイン
書式
コメント
共有
K
L
M
Q7
3
2
1
3
ピボットグラフのフィールド
レポートに追加するフィールドを選択してください:
検索
Q4c12
Q4c13
Q5
Q6
Q7
Q8
Q9c1
Q9c2
Q9c3
Q9c4
Q9c5
Q9c6
Q9c7
Q9c8
Q9c9
Q9c10
Q9c11
Q9c12
Q9c13
次のボックス間でフィールドをドラッグしてください:
フィルター
軸 (分類項目)
Q10
凡例 (系列)
Q7
値
個数 / ID
レイアウトの…
更新
表示設定
100%

図表1-14　クロス集計③

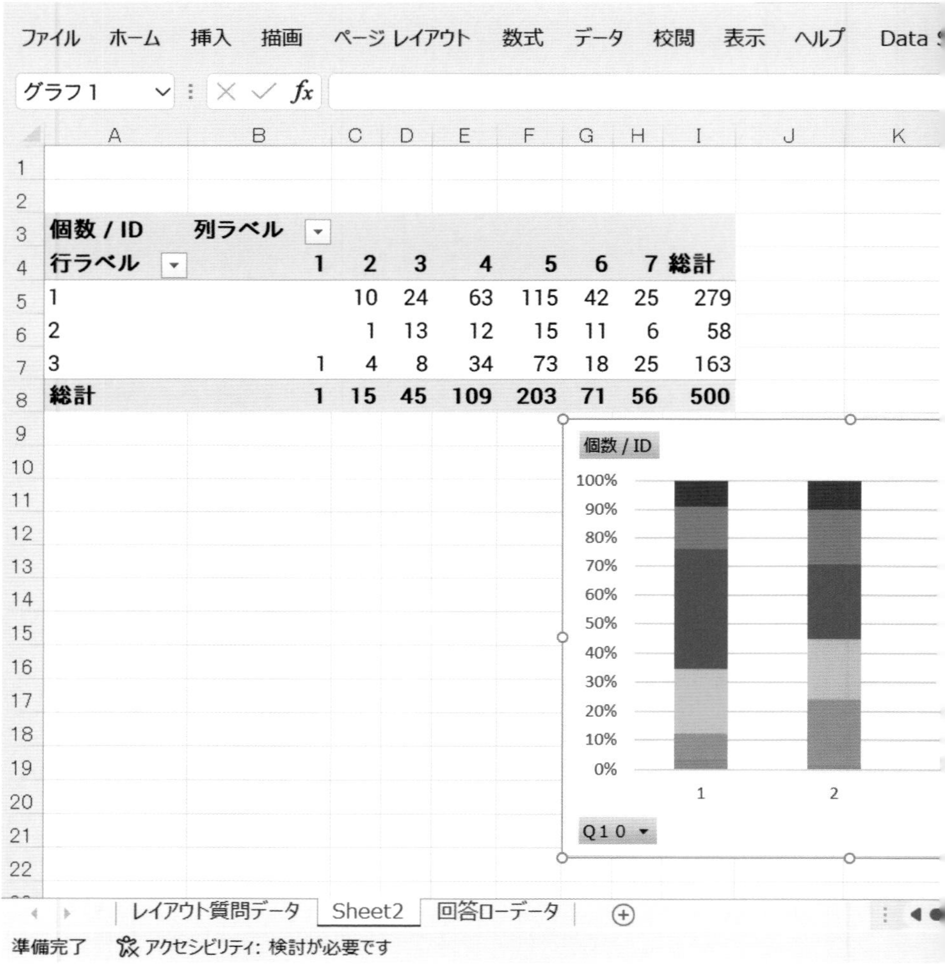

SC2「あなたは現在、被服費に月どのくらいのお金を使っていますか」の回答：

■1　3000円未満　■2　3000円～5000円　■3　5000円～10000円　■4　10000円～200

Q10「あなたは、弊社サイトで買い続けたいですか」の回答：

1　はい　2　いいえ　3　わからない

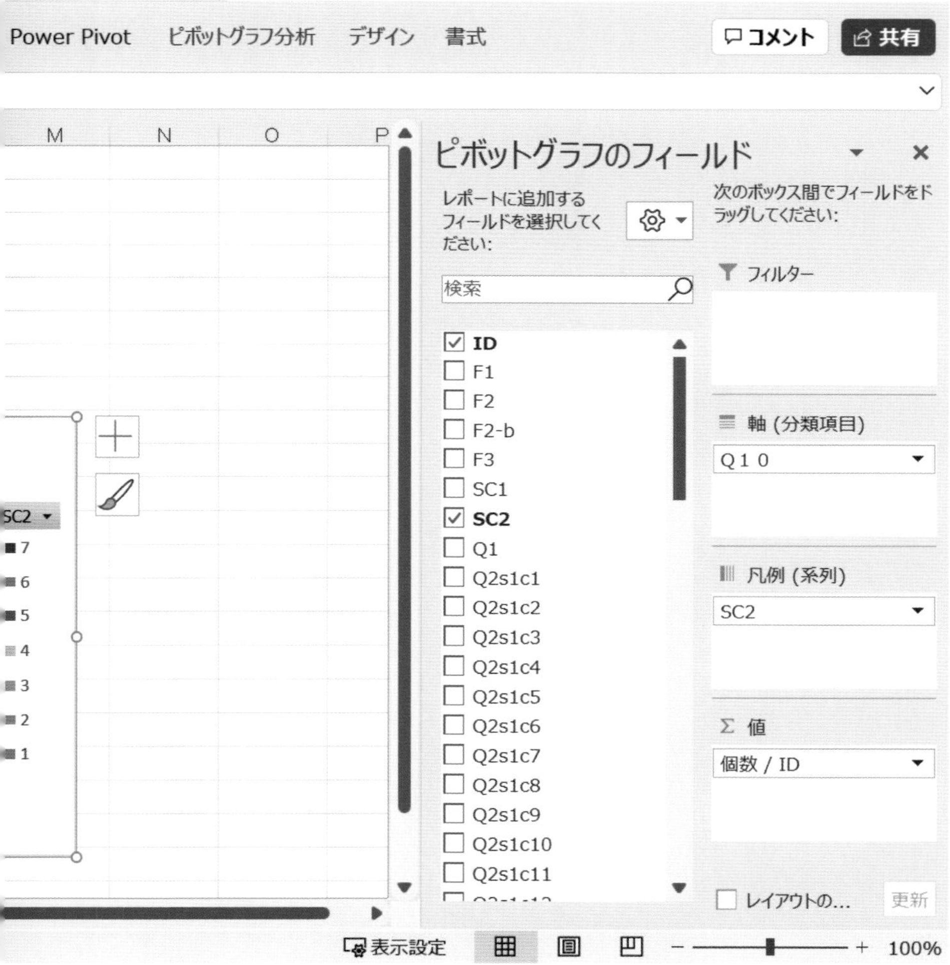

20000円〜30000円　■6　30000円〜50000円　■7　50000円以上

すなわち１万円もかけない「ファッションに対する感度が高くない層（回答が１～３の人。非支持層の24％）」および「ファッションに対して非常に感度が高い層（回答が６～７の人。非支持層の29％）」が、支持層に比べると多いことがわかります。

このデータからどのようなことが言えるでしょうか。仮説のレベルでしかありませんが、非支持層、つまりＺ社のサービスを使う意思が低い人は、「あまりファッションに対して積極的ではなく、結果として『難易度の高い』古着は敬遠する人たち」もしくは、その逆で「ファッションに対しては積極的でお金を使うのをいとわないため、自分の選択眼にかなったものであればともかく、価格の安さで古着を選ぶことはない人」と言えそうです。

このことも「古着界のユニクロ」構想からすると、使用者層がそのように受け取っていない、従来の古着の枠から脱していない可能性もありそうです。

Ｚ社サイトのサービスに対する評価（品ぞろえ、価格）

今度はＺ社サイトのサービス内容をどのように評価しているかを聞いてみましょう。すでに継続的に利用する意思のある「ファンとなりうる」層に焦点を当てていますから、Q10は「１」でフィルターをかけます（**図表1-15**）。

先ほどは比較のために縦棒グラフを使いましたが、今度は分布を見たいので円グラフにしたいと思います。グラフ全体を選択し、右クリックで「グラフの種類の変更」を選択、円グラフを選びます。グラフを選択したら「Q5」を「軸（分類項目）」に入れます。すると、Q5「あなたは弊サイトの品ぞろえについてどう感じられていますか」に対する回答数に応じた円グラフが表れます（**図表1-16**）。

約半数の方が「（品ぞろえは）普通（Q5の回答3）」と回答をしていますが、「非常に多い（Q5の回答1）」「多い（Q5の回答2）」と回答した人よりも、むしろ「少ない（Q5の回答4）」と回答した人が多いことがわかります。品ぞろえの量が多いかどうかが好意的な評価につながるのかどうかはわかりませんが、Ｚ社サイトを継続的に利用する意思のある「ファンとなりうる」層は、

図表1-15　フィルターをかけ、グラフの種類を変更

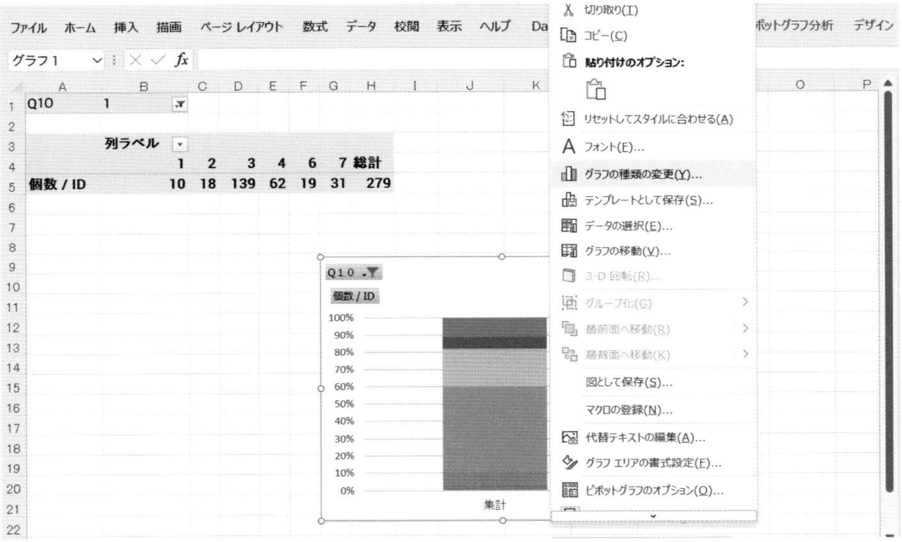

Z社の品ぞろえは適切だが、どちらかというと少ない方だという受け止め方をしていることがわかりました。

価格帯はどうでしょうか。品ぞろえをたずねたQ5の代わりに「Q6」を選択します。Q6「あなたは弊サイトの価格をどう思われますか」の回答数に応じた円グラフが表れます（図表1-17）。

価格については「適切」と回答している層が43%と最も多いものの、「安い（Q6の回答1）」「やや安い（Q6の回答2）」と回答した層が合わせて40%もおり、「やや高い（Q6の回答4）」「高い（Q6の回答5）」と回答した層17%をはるかにしのいでいます。

図表1-16 クロス集計④

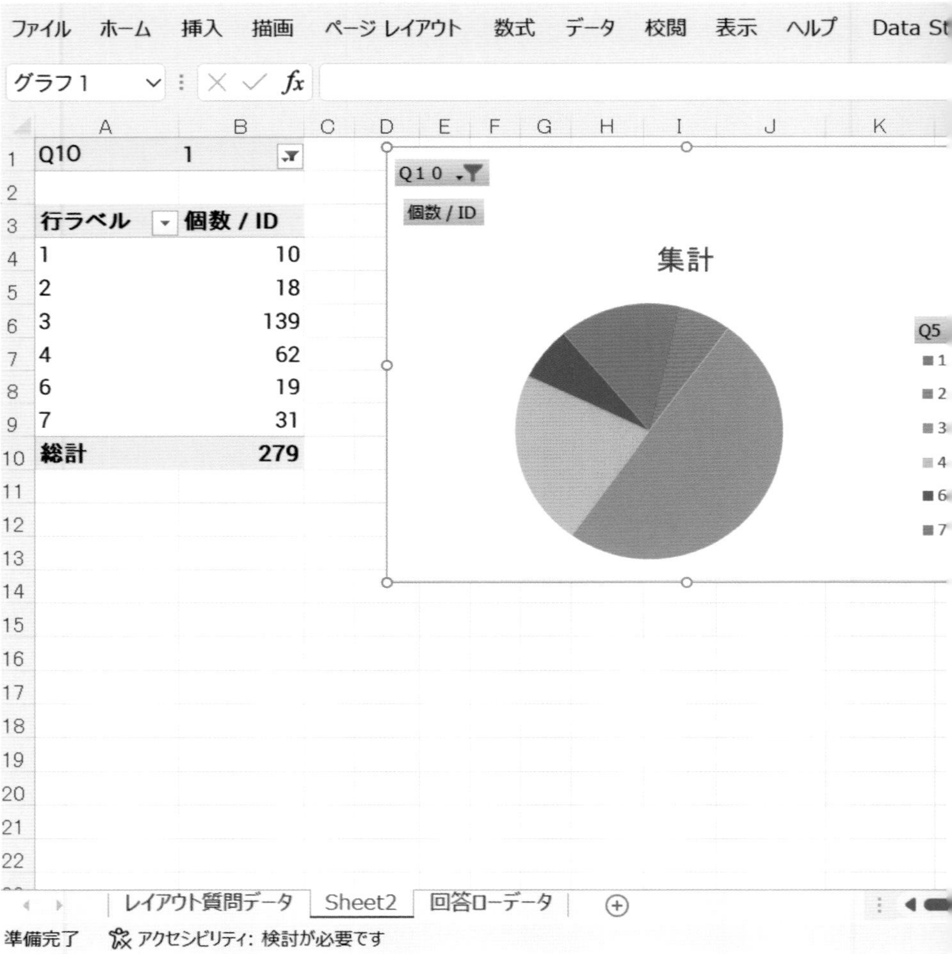

Q5 「あなたは弊サイトの品ぞろえについてどう感じられていますか」の回答：

■1 非常に多い ■2 多い ■3 普通 ■4 少ない ■6 わからない
■7 考えたこともない

Q10「あなたは、弊社サイトで買い続けたいですか」の回答：

1 はい

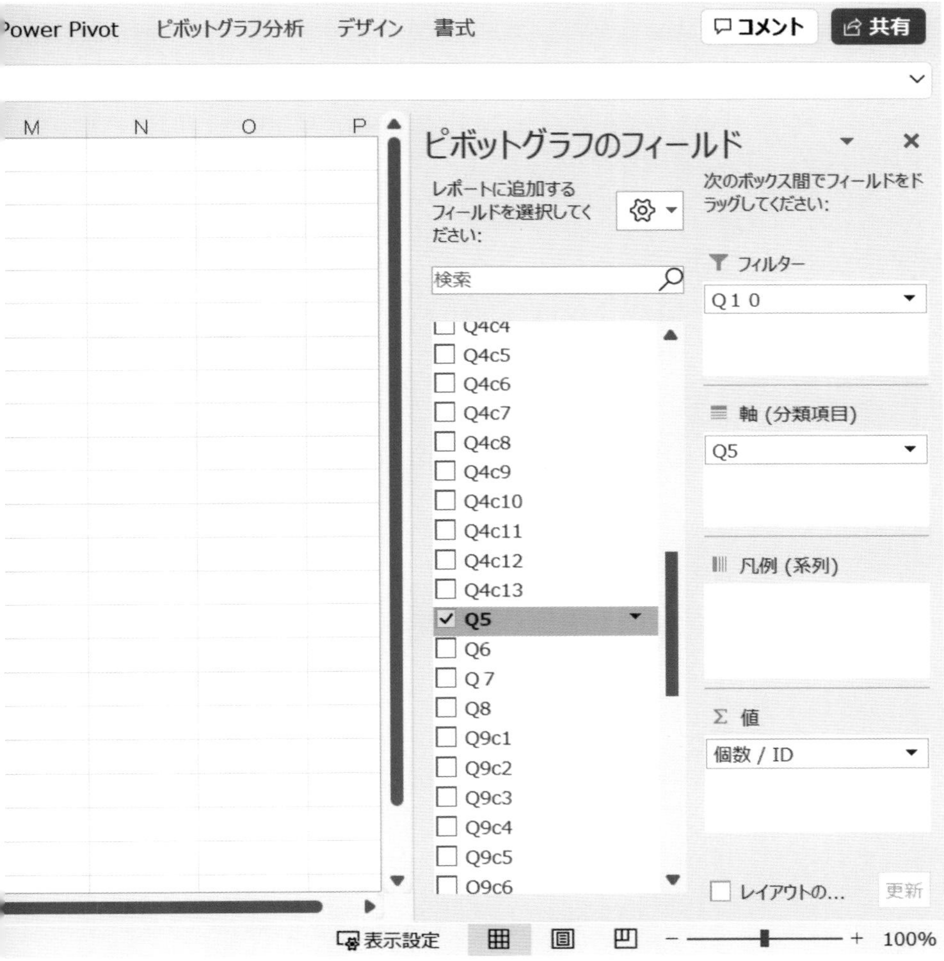
Power Pivot
ピボットグラフ分析
デザイン
書式
コメント
共有
M
N
O
P
ピボットグラフのフィールド
レポートに追加するフィールドを選択してください:
次のボックス間でフィールドをドラッグしてください:
検索
フィルター
Q10
Q4c4
Q4c5
Q4c6
Q4c7
Q4c8
Q4c9
Q4c10
Q4c11
Q4c12
Q4c13
Q5
Q6
Q7
Q8
Q9c1
Q9c2
Q9c3
Q9c4
Q9c5
Q9c6
軸 (分類項目)
Q5
凡例 (系列)
値
個数 / ID
レイアウトの…
更新
表示設定
100%

図表1-17　クロス集計⑤

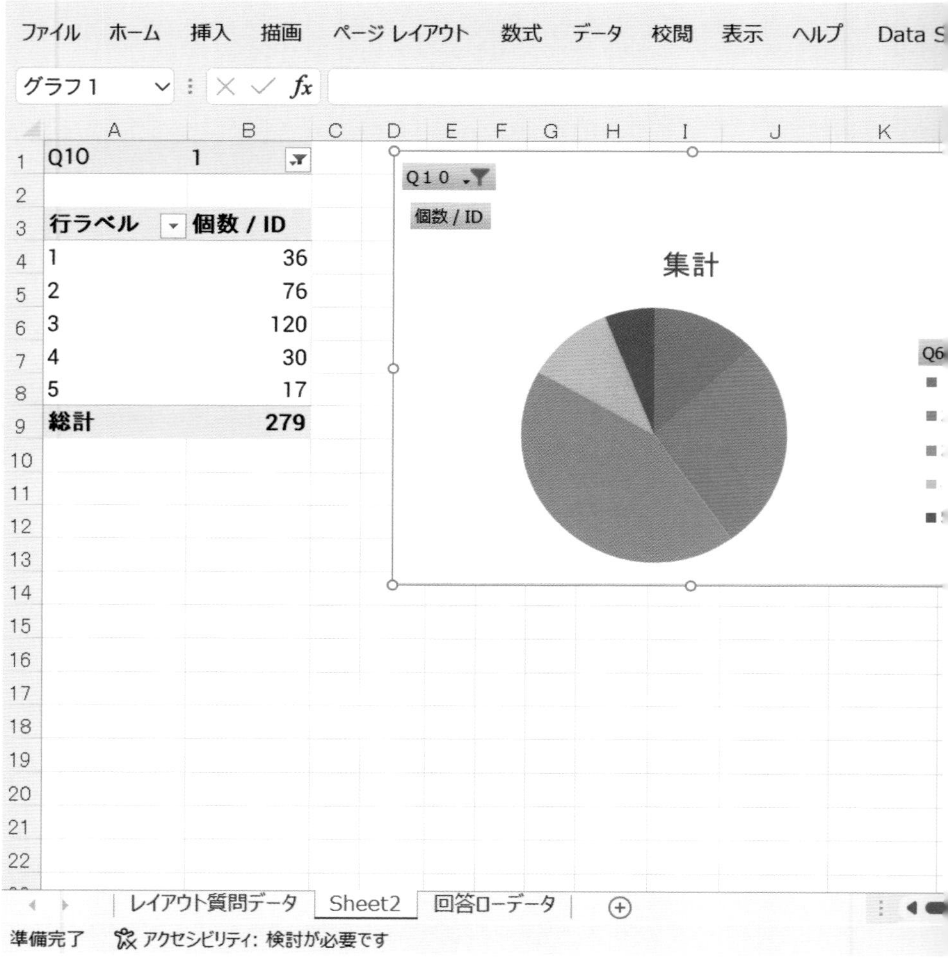

Q6 「あなたは弊サイトの価格をどう思われますか」の回答：

■1　安い　■2　やや安い　■3　適切　■4　やや高い　■5　高い

Q10「あなたは、弊社サイトで買い続けたいですか」の回答：

1　はい

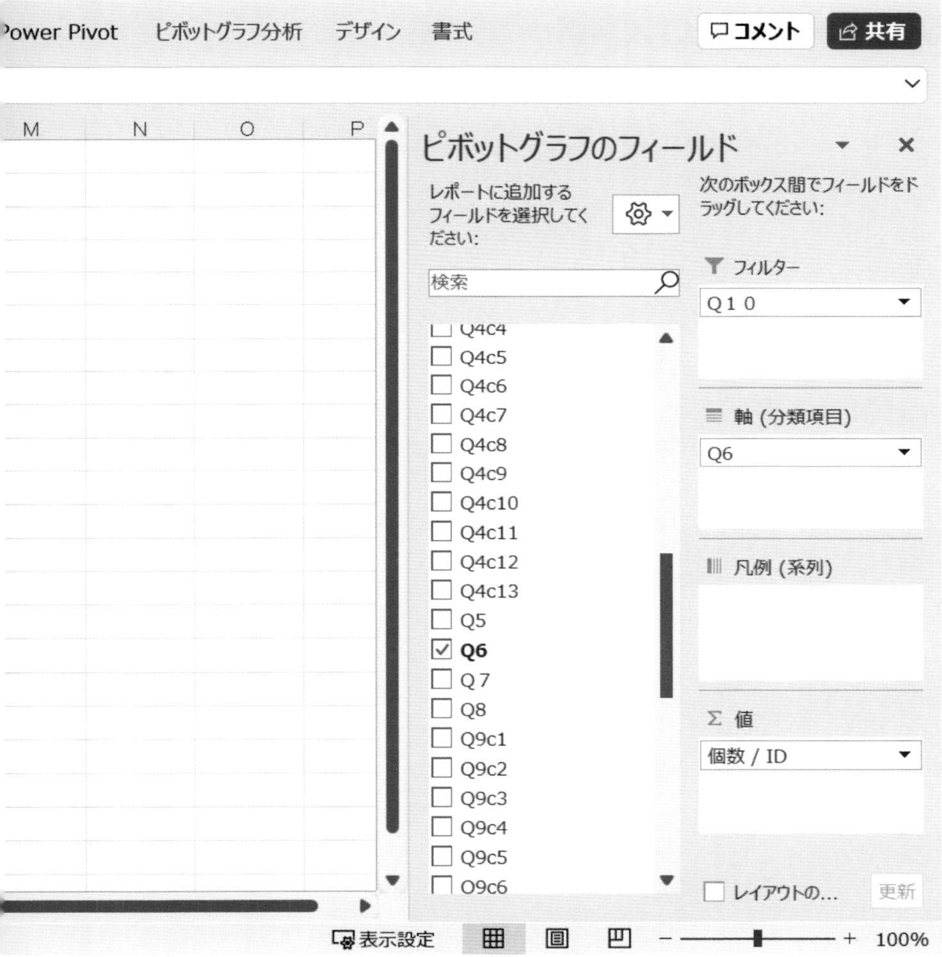
Power Pivot
ピボットグラフ分析
デザイン
書式
コメント
共有
M
N
O
P
ピボットグラフのフィールド
レポートに追加するフィールドを選択してください:
次のボックス間でフィールドをドラッグしてください:
検索
フィルター
Q10
Q4c4
Q4c5
Q4c6
Q4c7
Q4c8
Q4c9
Q4c10
Q4c11
Q4c12
Q4c13
Q5
Q6
Q7
Q8
Q9c1
Q9c2
Q9c3
Q9c4
Q9c5
Q9c6
軸 (分類項目)
Q6
凡例 (系列)
Σ 値
個数 / ID
レイアウトの...
更新
表示設定
100%

まとめ

アンケートのクロス集計分析でも顧客像の感触はつかめる

ピボットテーブルによるクロス集計は、ここまでやってきたことよりもたくさんの切り口で分析をすることができますが、いったん「ファンとなりうる」支持層と「そうでない」非支持層とで比較をし、「ファッションセンス」と「サイトへの評価」の切り口で分析をしてみるだけでも、だいぶターゲットとする顧客像が明確になってきたと思います。

もちろん前述したように、このアンケートは支持者の回答が多く、非支持者の声の拾い方としては適切なものとは言えないでしょう。それでも、非支持者層の声のうち代表的なものが反映されていると仮定するのであれば、顧客層を解像度高く見るという目的は果たせるのではないでしょうか。

クロス集計分析の結果から見えてきたのは、「ファッションセンスに自信がある人たちが、いい商品を比較的安く買えるのが、この店の強み」ということのようです。

ここまでは既存のアンケートから得られるデータだけで、顧客像を見てきました。一定の感触はつかめたものの、アンケート結果だけで顧客像を理解した気になってしまうのは急ぎすぎでしょう。新任のマーケティング担当としては、この後に**自分なりの仮説を立てて、お客様にインタビューしたり、実際にお会いして行動を見たりすることによって、データを補完し、自分の中の顧客像を明確化した上で、ターゲットとなる顧客像をつくっていく**ことになります。

ただ入社したてで何も手がかりがない状態から、過去のアンケートの分析を通じて、「このサイトがどういう人たちから支持されているのか」ということが、多少なりともわかってきたのではないかと思います。

Chapter 2

RFM分析を用いた顧客セグメンテーション

顧客創造のための顧客セグメンテーションをどのように行うか？

紅茶専門小売店を経営するO社は、東京近郊にて５店舗を展開する企業である。紅茶の魅力に取りつかれた創業者が1980年に世田谷にて第一号店を出店した。それ以来40年以上にわたって世界中から美味しい紅茶を集め、幅広い品ぞろえで店舗展開してきた。創業当初からのファンも多く、長年にわたってお客様に支えられている店でもある。

このたび、創業者が第一線から退くことになり、それを機に息子であるあなたに社長のポジションが継承されることになった。O社は創業者の人柄と、幅広い品ぞろえ、およびその商品知識によって安定的な業績をあげていたが、インターネット通販の成長や、創業者の時代感覚等の問題から、新規顧客の伸び悩みが近年の課題であった。

あなたは積極的な広告宣伝により新規顧客の開拓を行うとともに、すでにO社で会員登録をしてくれた会員顧客に積極的に働きかけ、より顧客が定着してくれるようなプロモーション施策を考えたいと思っていた。とはいえ、手元にある約１万5000人の会員リストを見ても、昔から定期的に購入してくれる人、最近会員になった人、頻度は少ないが１回あたり多額の購入をしてくれる人など、その特性はバラバラであり、一律的なプロモーションでは効果が薄まることにも気づいていた。

そこであなたは、この約１万5000人の顧客名簿をいくつかのグループ（以後クラスターと呼ぶ）に分類し、そのクラスターごとの特性に合わせてプロモーション施策に差をつけることを考えていた。あまりにも多数のクラスターに分類してしまうと、プロモーション施策が複雑化してしまう可能性があるので、５つほどのクラスターに分類したい。手元のエクセルベースで管理されている顧客の購買履歴を参照しながら、いかにして５つのクラスターに分類したらよいか。そしてそのクラスターごとにどのような施策を講じていったらよいだろうか。

イシューの特定

登録している会員をクラスターに分類

一律化したプロモーションではなく、いくつかの会員の特徴ごとに合わせて、より効果を生むようなプロモーションを実施したいと考えています。そのために既存の会員をいったん５つのグループ（クラスター）に分類し、そのクラスターごとの特性に合わせたプロモーション施策を構築する、というのが今回のイシューとなります。そしてその前工程として、どのようにして約１万5000人からなる会員リストを５つのクラスターに分類するかということについても考えたいと思います。

ここでは「いったん５つのクラスターに分類」としていますが、これは仮置きで分析の過程で変更することもあり得ます。

フレームワーク

RFM分析による顧客セグメンテーション

このように、いくつかのクラスターを設定するときに、マーケティング上よく使われる分析手法としてRFM分析というものがあります。

RFMとは、**Recency（前回購入時からのインターバル）**、**Frequency（購買頻度）**、**Monetary（累計購買金額）**の頭文字をとったもので、**RFM分析**はその名の通り、**顧客をこれら３つの軸で定量的にランクづけし、グループに分類して整理する分析手法**となります。RFM分析によって、会社にとっての優良顧客や、将来優良顧客になりうる可能性のある層などを明確化でき、その特性に応じたマーケティング活動を行うことが可能となります。

RFM分析のそれぞれの要素について簡単に説明をしましょう。

Recency（前回購入時からのインターバル）

そのお客様が最後に購入したのはいつなのか？　どのくらい最近のことなのか？　最近購入したお客様であれば、その商品の残像が強く印象に残っている可能性が高く、そのときの印象が好意的であれば再び購入につながることが期待できます。一般的にはRecencyは最終購買日から測定日までの日数で測定されますが、商品特性（例えば耐久消費財である自動車など）によっては日数ではなく年数で把握されることもあります。

Frequency（購買頻度）

初回購入からどのくらいの頻度で購入されたのかを表します。購入頻度が高くなれば、そのサービスや提供者から購買することが通常行動化している可能性が高く、優良顧客となる見込みが強くなります。一般的には購買頻度が高く、その商品や提供者との結びつきが強い顧客になるほど、顧客維持コストが低くなるので、大きな収益性をもたらしてくれます。会社にとっては大変重要度・影響度の大きなお客様と言えるでしょう。

Monetary（累計購買金額）

初回購入からの累計の購買金額がいくらなのかを表したものです。Frequencyに似ていますが、Monetaryでは金額で表すため、購買頻度が少なくとも、１回あたりの購入金額が大きいお客様はMonetaryの指標においては重要度が上がります。あくまでも可能性の問題ですが、これまでの購入金額が大きいお客様は、今後も１回あたりの購入金額が高い可能性が高く、一方で顧客維持コストは購買金額の大小によって変わらない可能性もあるので、収益性の観点で重要度・影響度の大きなお客様と言えるでしょう。

例えば山田さんというお客様と、渡辺さんというお客様がいたとしましょう。山田さんのこれまでの累計購買金額は10万円であったのに対し、渡辺さんの累計購買金額が５万円だったとします。定着に対して注力をすべきお客様はどちらかと問われたら、これだけの情報では山田さんとお答えする人が多いかもしれません。しかしながら追加情報として、山田さんの最近の購買日は１年前で、一方渡辺さんはこの１年間で４回ほどリピート購入してくださったとしたら、話は変わるでしょう。また山田さんに再来店を促すメッセージや販促施策と、渡辺さんに対するメッセージ・販促施策とでは内容が変わってくる可能性もあります。このように、顧客クラスターを分類する際にRFMの３つの軸で分析をすることで、ある程度特性の似通った顧客クラスターにまとめ、適したプロモーションを施すことが可能になります。

このようにRFM分析は、お客様全体から似通った特性をもつクラスターに分類することで、マーケティング戦略を考える上で貴重なインサイト（示唆）を得ることができますが、それでも万能ではありません。**RFM分析の限界も理解しておく必要があります**。

まずRFM分析では、**この３つの軸にしか注目をしていないので、それ以外のお客様の属性（例えば、年齢、性別、居住地、年収など）に基づくクラスター化はできません。また過去の実績に基づいた分類であって、この過去の履歴が将来にも続く保証はありません**。よって、大きな環境変化が生じたときにはRFM分析が本当に効果を発揮する分析手法なのかどうかは慎重に検討する必要があります。

RFM分析を実行する際の3つのステップ

Step1　顧客の購買データを整理

当たり前の話ですが、RFM分析を行う際には過去から蓄積された顧客の購買データが必要です。今回は**図表2-1**（https://str.toyokeizai.net/books/9784492558058/ よりダウンロードが可能です。パスワードは「mbaexcel」）のような構造のデータを元データとして使用しますが、RFM分析ができるようにするためには、いくつかデータの編集を行う必要があります。

図表2-1　蓄積された顧客の購買データ

	A	B	C	D	E	F	G	H	I	J
1					本日	2020/3/29				
2	オーダーID	購買日	会員ID	購買頻度	累計購買金額	期間	売上高	売上数量	粗利額	性別
3	3978	2016/8/15	1908	1	2263	1322	2263	1	1549	Female
4	16815	2017/9/16	1908	2	4139	925	1876	1	1481	Female
5	2284	2016/6/21	3031	1	4377	1377	4377	6	2521	
6	8958	2017/2/14	3031	2	9579	1139	5202	1	3665	
7	9599	2017/2/28	3031	3	16583	1125	7004	10	4922	
8	12932	2017/5/20	3031	4	22426	1044	5843	12	3757	
9	16125	2017/8/27	3031	5	27906	945	5480	12	3928	
10	20779	2018/2/13	3031	6	32983	775	5077	1	3387	
11	25384	2018/6/9	3031	7	36666	659	3683	6	2126	
12	32335	2019/2/12	3031	8	42260	411	5594	1	3750	
13	36016	2019/5/5	3031	9	45565	329	3305	6	2021	
14	39118	2019/8/24	3031	10	49627	218	4062	6	1673	
15	42603	2020/1/15	3031	11	53836	74	4209	1	2435	
16	43493	2020/2/18	3031	12	59374	40	5538	1	3967	
17	45273	2020/3/16	3031	13	61682	13	2308	1	805	
18	2939	2016/7/10	4335	1	3231	1358	3231	1	2088	
19	10733	2017/3/15	4335	2	7287	1110	4056	1	3130	
20	13418	2017/6/3	4335	3	8272	1030	985	2	659	
21	22618	2018/3/21	4335	4	12210	739	3938	1	2927	
22	2285	2016/6/21	6430	1	2769	1377	2769	9	1790	
23	10734	2017/3/15	6430	2	6336	1110	3567	1	2670	
24	2243	2016/6/20	9070	1	7776	1378	7776	1	3126	Female
25	3304	2016/7/23	9070	2	13473	1345	5697	7	3385	Female
26	11941	2017/4/19	9070	3	25842	1075	12369	6	5798	Female
27	17775	2017/10/16	9070	4	33310	895	7468	4	3465	Female
28	23596	2018/4/14	9070	5	42951	715	9641	8	5360	Female
29	28461	2018/9/15	9070	6	49763	561	6812	5	3832	Female
30	32181	2019/2/6	9070	7	55329	417	5566	12	3592	Female
31	6912	2016/11/30	9442	1	2825	1215	2825	6	1908	Male
32	25777	2018/6/23	9442	2	3748	645	923	2	526	Male
33	29164	2018/10/7	9442	3	6813	539	3065	6	1897	Male
34	36298	2019/5/14	9442	4	11271	320	4458	2	2915	Male
35	43983	2020/2/26	9442	5	12240	32	969	1	762	Male
36	467	2016/4/25	10638	1	4488	1434	4488	15	3183	

すなわち、① Recency（前回購入時からのインターバル）、② Frequency（購買頻度）、③ Monetary（累計購買金額）を測定することが可能なデータ構造に編集をし直す必要があります。このようなデータ編集を行う際に**Power Query（パワークエリ）**が大変便利ですので、こちらの使い方を紹介しながら、編集を行っていくこととします。

また現状に即した形でデータの絞り込みを行います。例えば、今回のケースであるO社の場合、経験則として２年間購買がなかったお客様はすでにO社との関係性が希薄化したとみなし、「離脱した会員」としていったん今回のRFM分析の対象から外すことにします。

Step2　RFMの３軸によるクラスター分類を実施

R（前回購入時からのインターバル）、F（購買頻度）、M（累計購買金額）それぞれを５段階でランク付けした場合、実に５×５×５の合計125の組み合わせができることになりますが、125の組み合わせすべてに個別のプロモーション施策を検討するのは粒度が細かすぎて現実的ではありません。そこで何かしらの形で125の分類を集約するのですが、今回は３つのうち２つの軸（つまりRとF、MとF、FとM）を組み合わせて散布図をつくり、目視で確認しながら５つのクラスターに分類をしてみたいと思います。このような「人力に頼った分類」以外にも、アルゴリズム解析を通じて機械的にクラスター分類をする方法として「K平均法」という手法もありますが、こちらについては、コラムでの簡単な解説にとどめますので、詳しく知りたい方は別途調べてみてください。エクセルでもK平均法を実行することは可能です（多少面倒くさいですが……）。

Step3　５つのクラスターの特徴を明文化し、クラスターごとにマーケティング施策を設計

５つのクラスターに分類したら、それぞれのクラスターの特徴を明文化し

ます。最終的な目的は、それぞれのクラスターに属したお客様が、今後も継続してO社を利用するようになる、またはO社にとって収益をもたらしてくれるようになることです。その目的を達成するために、どのようなプロモーション施策を展開するかをクラスター単位で考えていきます。今回のケースでは、このステップを省略いたします。

実践

エクセルを用いてRFM分析を実施する

それではRFM分析を実際に行ってみたいと思います。先述した3つのステップに従ってエクセルを操作していきますので、以下をご参照ください。

Step1の実践　顧客の購買データを整理

今回はエクセルの機能として、知っておくと大変有益であるPower Queryを解説した上で、活用してみたいと思います。Power Queryを使うと、エクセルの元データを簡単に編集・再計算・整形・加工することなどが可能です。新たにデータベースをつくるイメージですので、元データそのものを変形することはありませんし、元データの内容が更新された場合でも、Power Queryのロジック自体が維持・継続しているため、更新ボタンを押すだけでロジックをたどってアウトプットを再計算することができます。いわば自動化プロセスをつくることになるので、作業効率も格段に向上します。

エクセルのリボンのタブから「データ」を選択後、「データ取得と変換」グループの中にある「テーブルまたは範囲から」を選択すると、図表2-2のようなポップアップ・ウィンドウが現れます。ここでデータベースとして取り込む範囲を指定するのですが、今回は2行目より下を対象にするので、手作業で「テーブルの作成」ウィンドウを編集し「$A$2:$J$45715」と指定します。これでOKを押すと、セルA2からセルJ45715までを囲った範囲を

図表 2-2　「テーブルの作成」ウィンドウを編集

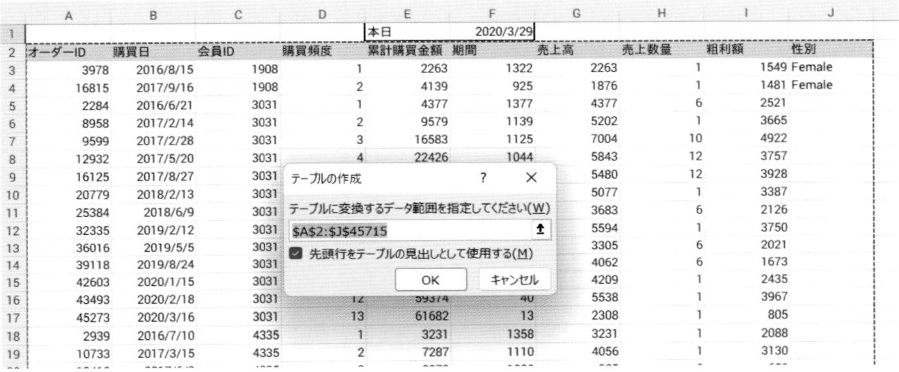

	A	B	C	D	E	F	G	H	I	J
1					本日	2020/3/29				
2	オーダーID	購買日	会員ID	購買頻度	累計購買金額	期間	売上高	売上数量	粗利額	性別
3	3978	2016/8/15	1908	1	2263	1322	2263	1	1549	Female
4	16815	2017/9/16	1908	2	4139	925	1876	1	1481	Female
5	2284	2016/6/21	3031	1	4377	1377	4377	6	2521	
6	8958	2017/2/14	3031	2	9579	1139	5202	1	3665	
7	9599	2017/2/28	3031	3	16583	1125	7004	10	4922	
8	12932	2017/5/20	3031	4	22426	1044	5843	12	3757	
9	16125	2017/8/27	3031				5480	12	3928	
10	20779	2018/2/13	3031				5077	1	3387	
11	25384	2018/6/9	3031				3683	6	2126	
12	32335	2019/2/12	3031				5594	1	3750	
13	36016	2019/5/5	3031				3305	6	2021	
14	39118	2019/8/24	3031				4062	6	1673	
15	42603	2020/1/15	3031				4209	1	2435	
16	43493	2020/2/18	3031	12	59374	40	5538	1	3967	
17	45273	2020/3/16	3031	13	61682	13	2308	1	805	
18	2939	2016/7/10	4335	1	3231	1358	3231	1	2088	
19	10733	2017/3/15	4335	2	7287	1110	4056	1	3130	

図表 2-3　Power Query エディター

新たなデータベースとして取り込みます。

すると**図表2-3**のような別の画面が立ち上がります。これがPower Query エディターと呼ばれるもので、このエディター画面で取り込んだデータベースを自分の目的に即して、自由自在に加工をします。

今回はどのような形にデータ加工したいかというと、元データは会員の購買履歴が1回ずつ記録されているわけですが（オーダーIDは何番で、いつの日付に、どの会員IDのお客様が、いくら購入して、前回購入日から何日たっているか）、RFM分析で必要なのは会員IDごとの「最も直近の購買日」「そのときまでの累計購買数および累計購買額」ですので、会員IDごとにグループ化して、これらデータをとりたいと思います。

会員IDの列を右クリックすると、メニューが表示されますが、ここで「グループ化」を選択します（**図表2-4**）。つまり会員IDごとにまとめてしまうという指令を出します。

「詳細設定」を選択すると、1つのキーとなるグループに（今回のケース

図表2-4　会員IDの「グループ化」

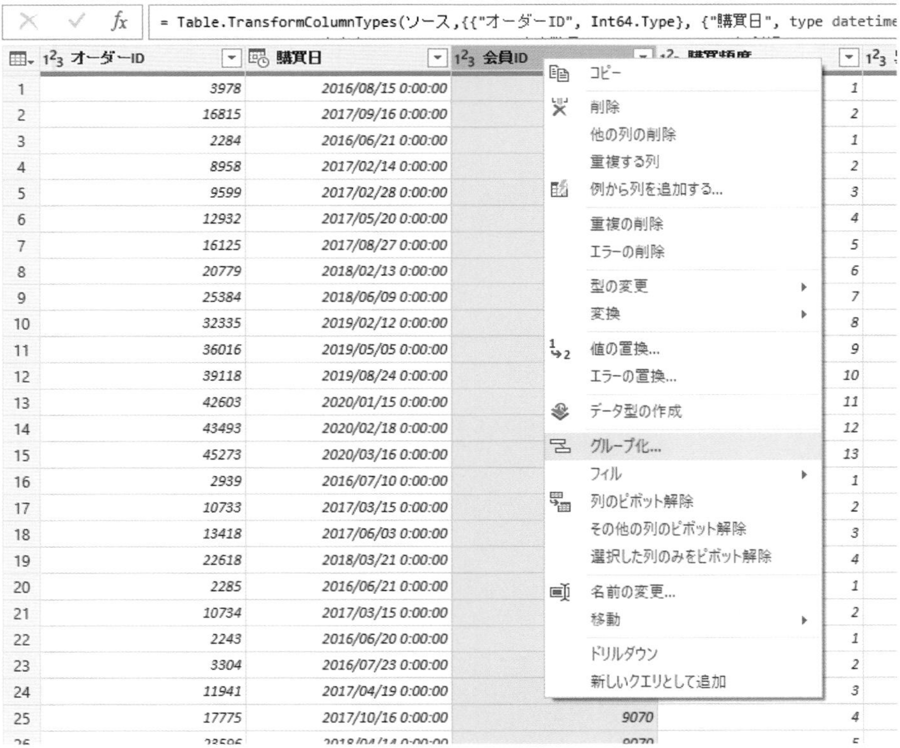

では「会員ID」）複数の列を表記することができます。「グループ化」のウィンドウの下半分にある、「新しい列名」「操作」「列」に今回欲しい情報を入力します。

元データから会員IDごとに再直近の購買日を抜き出したいので、新しい列名に「最直近購買日」を入力し、操作は「最大」を選択し、「購買日」の中からその会員IDの最も大きな数値である最直近購買日を選択します。同様に、「購買頻度」および「累計購買額」も同様のロジックで入力・選択をします（**図表2-5**）。

本来欲しいのは、「今日（今回のケースでは2020年3月29日を想定しています）を基準にして、最直近購買日までどのくらいの期間があいているか」の日数というデータですが、直接的にこのデータを入手することができないので、いったん「最直近購買日」を抽出し、後ほど「今日」との差分をとることにしたいと思います。

すると**図表2-6**のようなデータベースに修正されました。会員IDごとに、

図表2-5　「グループ化」の「詳細設定」

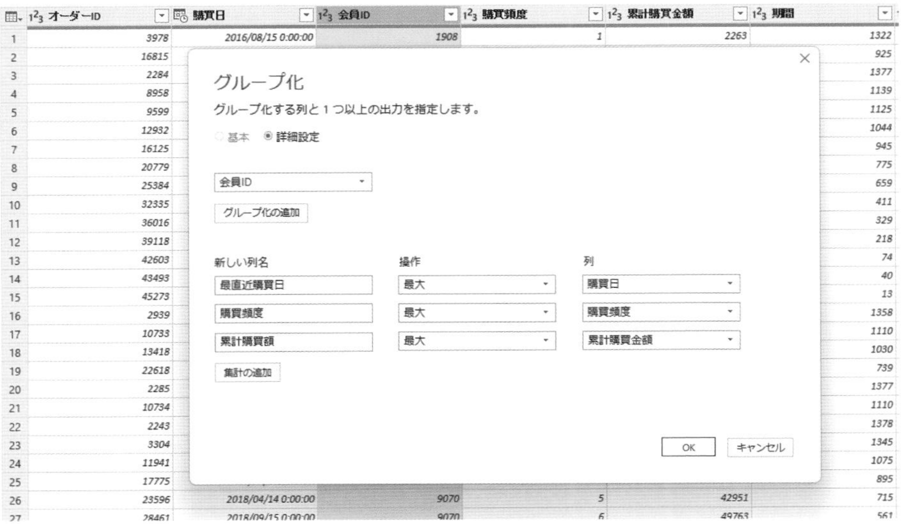

図表2-6　会員IDごとにデータベースを修正

```
= Table.Group(変更された型, {"会員ID"}, {{"最直近購買日", each List.Max([購買日]), type
```

	1²3 会員ID	最直近購買日	1.2 購買頻度	1.2 累計購買額
1	1908	2017/09/16 0:00:00	2	4139
2	3031	2020/03/16 0:00:00	13	61682
3	4335	2018/03/21 0:00:00	4	12210
4	6430	2017/03/15 0:00:00	2	6336
5	9070	2019/02/06 0:00:00	7	55329
6	9442	2020/02/26 0:00:00	5	12240
7	10638	2017/03/16 0:00:00	5	9623
8	11759	2020/02/19 0:00:00	21	111784
9	13311	2018/07/03 0:00:00	1	2396
10	14061	2017/10/09 0:00:00	1	3692
11	14483	2017/07/01 0:00:00	2	6037
12	14811	2020/03/10 0:00:00	9	23219
13	19540	2019/06/01 0:00:00	6	21149
14	21825	2019/06/02 0:00:00	9	23086
15	23352	2016/10/12 0:00:00	1	6402
16	27971	2020/03/08 0:00:00	9	16906
17	29201	2018/10/02 0:00:00	1	2279
18	29909	2016/10/11 0:00:00	1	2263

「最直近購買日」「購買頻度」「累計購買額」が並んでいます。

「最直近購買日」のデータが日付＋時間になっているので、この列を右クリックし、「型の変更」を選択した後、「日付」を選択することで、「最直近購買日」のデータ形式を日付に修正します（**図表2-7**）。このようにデータの型を欲しい形で修正することが可能ですので、必要に応じて加工をしてください。

さて先にも述べましたが、本来欲しいのは「今日（2020年３月29日）」と「最直近購買日」までの「インターバル期間が何日か」というデータです。ここまでのデータ処理ではその情報は得られていないので、列を追加してそのデータを計算しましょう。

リボンのタブ「列の追加」を選択し、一番左にあるアイコン「例からの列」「選択範囲から」を選択します（**図表2-8**）。すると新しい列が追加されます。

図表2-7 データ形式の変更

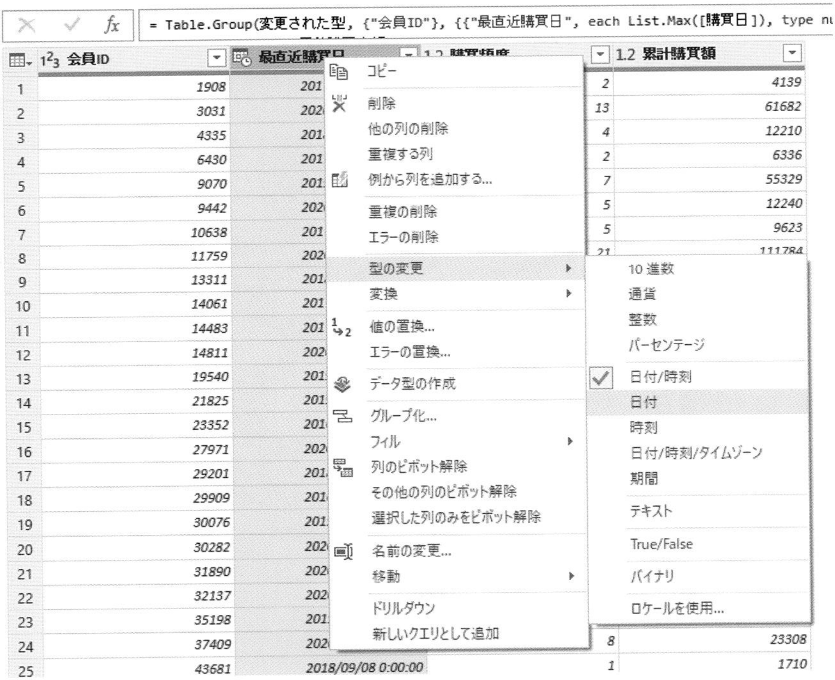

図表2-8 「列の追加」から「例からの列」「範囲選択から」を選択

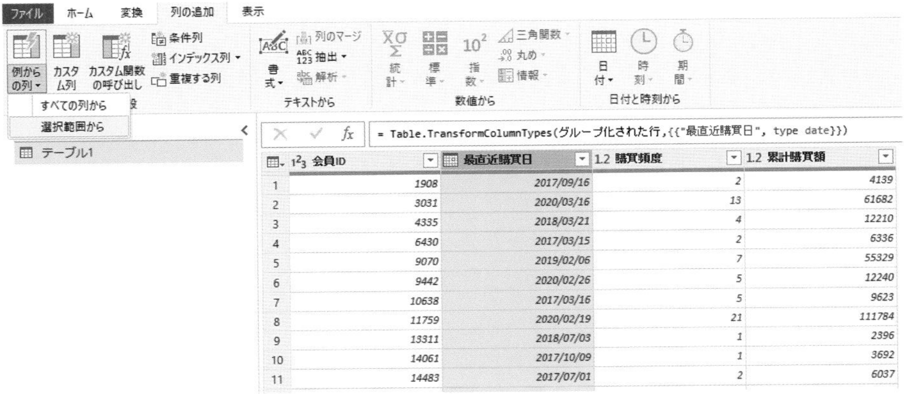

この新しくできた列に、手入力で今日の日付である「2020/3/29」と入力をします。「リテラル」のエンターキーを押すと一段下に下がるのですが、繰り返して同様に「2020/3/29」と入力すると、Power Queryが「どうやらこの列は『最直近購買日』の数値にかかわらず、2020/3/29と入力するようだ」と判断し、最下行まで2020/3/29と自動的に記入します。これでOKであれば上部の「OK」ボタンを押して、この作業を終了します（**図表2-9**）。

ここから本来欲しいRecency、すなわち「今日」と「最直近購買日」までのインターバル期間を計算します。まずは新しく追加した今日の日付の「型」がテキスト型（列の左上に「ABC」と記載されているのはテキスト型

図表 2-9 **「測定日（今日）」の設定**

例から列を追加する
サンプル値を入力し、新しい列を作成します (適用するには Ctrl+Enter を押します)。
変換: "2020/3/29"

	1²3 会員ID	最直近購買日	1.2 購買頻度	1.2 累計購買額
1	1908	2017/09/16	2	4
2	3031	2020/03/16	13	61
3	4335	2018/03/21	4	12
4	6430	2017/03/15	2	6
5	9070	2019/02/06	7	55
6	9442	2020/02/26	5	12
7	10638	2017/03/16	5	9
8	11759	2020/02/19	21	111
9	13311	2018/07/03	1	2
10	14061	2017/10/09	1	3
11	14483	2017/07/01	2	6
12	14811	2020/03/10	9	23
13	19540	2019/06/01	6	21
14	21825	2019/06/02	9	23
15	23352	2016/10/12	1	6
16	27971	2020/03/08	9	16
17	29201	2018/10/02	1	2
18	29909	2016/10/11	1	2

の意味）なので、これを日付の型に変更します。新しくできた「リテラル」の列を右クリックし、「日付」を選択します（**図表2-10**）。

次に新しい列を追加して「今日」と「最直近購買日」の差を計算します。まず「今日」の日付である「リテラル」の列を選択し、Ctrl キーを押しながら「最直近購買日」の列を選択します。この２つの列の差を計算するには、リボンの「列の追加」タブから「日付」「日数の減算」を選択すると、選択した２列の差分、すなわち欲しいデータである「最直近購買日」と「今日」の差である日数を得ることが可能です（**図表2-11**）。

ここまでの作業を経てデータベースの中身を注視してみると、最直近購買

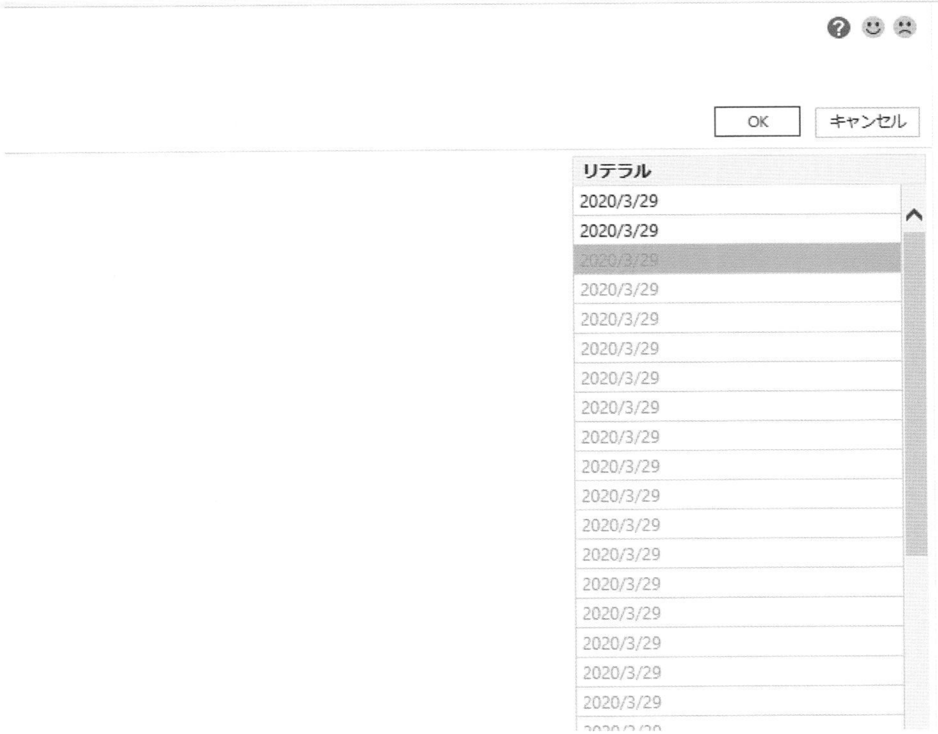

図表2-10 **データ形式をそろえる**

```
= Table.AddColumn(変更された型1, "リテラル", each "2020/3/29", type
```

	1²₃ 会員ID	最直近購買日	1.2 購買頻度	1.2 累計
1	1908	2017/09/16	2	
2	3031	2020/03/16	13	
3	4335	2018/03/21	4	
4	6430	2017/03/15	2	
5	9070	2019/02/06	7	
6	9442	2020/02/26	5	
7	10638	2017/03/16	5	
8	11759	2020/02/19	21	
9	13311	2018/07/03	1	
10	14061	2017/10/09	1	
11	14483	2017/07/01	2	
12	14811	2020/03/10	9	
13	19540	2019/06/01	6	
14	21825	2019/06/02	9	
15	23352	2016/10/12	1	
16	27971	2020/03/08	9	
17	29201	2018/10/02	1	
18	29909	2016/10/11	1	
19	30076	2019/09/21	4	
20	30282	2020/02/18	14	
21	31890	2020/03/11	6	
22	32137	2020/03/18	6	
23	35198	2019/07/06	3	
24	37409	2020/02/18	8	
25	43681	2018/09/08	1	
26	43967	2020/03/01	8	

コピー
削除
他の列の削除
重複する列
例から列を追加する...
重複の削除
エラーの削除
型の変更
変換
値の置換...
エラーの置換...
データ型の作成
列の分割
グループ化...
フィル
列のピボット解除
その他の列のピボット解除
選択した列のみをピボット解除
名前の変更...
移動
ドリルダウン
新しいクエリとして追加
10 進数
通貨
整数
パーセンテージ
日付/時刻
日付
時刻
日付/時刻/タイムゾーン
期間
テキスト
True/False
バイナリ
ロケールを使用...

図表2-11 日数の減算で非購買期間のデータを計算する

日がかなり以前のお客様も散見されます。前述しましたが、あまりにも非購買期間が長いお客様は、いったん「離脱」したと想定することが妥当と考えておりますので、今回の分析対象から外したいと思います。このインターバル期間が730日（＝２年）以上の会員IDをフィルターで取り除きましょう。

やり方は、先ほど追加したこの「減算」とある列（これをこの機に「非購

買期間」と改名しましょう）の右にある▼ボタンを押して、フィルターの画面になったら「数値フィルター」から「指定の値以下」を選択、ここで「730」を入力することで、非購買期間が２年以下の会員IDだけを残すことができます（**図表2-12**）。

図表 2-12　「数値フィルター」で非購買期間が2年以下の会員に絞り込む

```
= Table.RenameColumns(挿入された日付の減算,{{"減算", "非購買期間"}})
```

	1²3 会員ID	最直近購買日	1.2 購買頻度	1.2 累計購
1	1908	2017/09/16	2	
2	3031	2020/03/16	13	
3	4335	2018/03/21	4	
4	6430	2017/03/15	2	
5	9070	2019/02/06	7	
6	9442	2020/02/26	5	
7	10638	2017/03/16	5	
8	11759	2020/02/19	21	
9	13311	2018/07/03	1	
10	14061	2017/10/09	1	
11	14483	2017/07/01	2	
12	14811	2020/03/10	9	
13	19540	2019/06/01	6	
14	21825	2019/06/02	9	
15	23352	2016/10/12	1	
16	27971	2020/03/08	9	
17	29201	2018/10/02	1	
18	29909	2016/10/11	1	
19	30076	2019/09/21	4	
20	30282	2020/02/18	14	
21	31890	2020/03/11	6	
22	32137	2020/03/18	6	
23	35198	2019/07/06	3	
24	37409	2020/02/18	8	
25	43681	2018/09/08	1	
26	43967	2020/03/01	8	
27	44456	2020/03/09	6	
28	46888	2019/01/02	1	
29	49365	2019/08/06	3	
30	50329	2020/03/16	19	

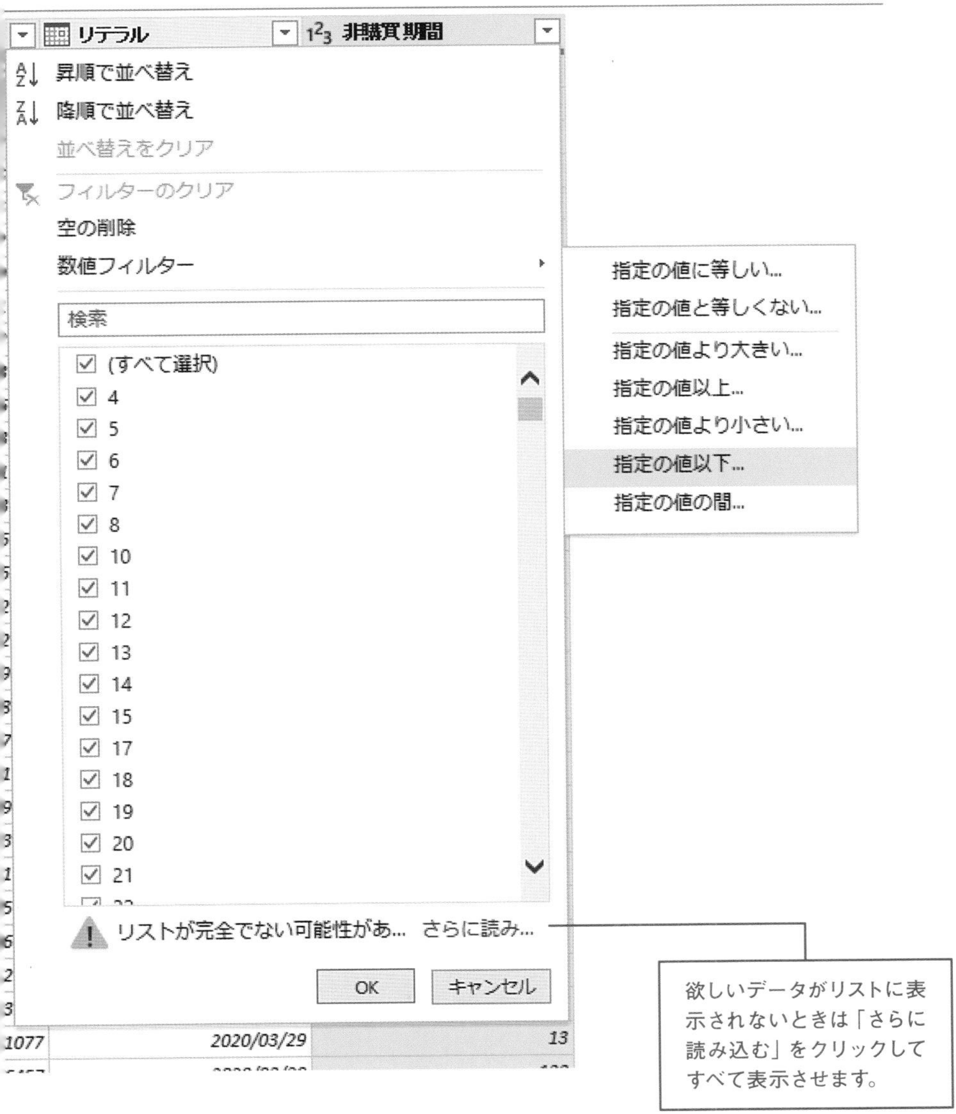
リテラル
非購買期間
昇順で並べ替え
降順で並べ替え
並べ替えをクリア
フィルターのクリア
空の削除
数値フィルター
検索
(すべて選択)
4
5
6
7
8
10
11
12
13
14
15
17
18
19
20
21
リストが完全でない可能性があ…　さらに読み…
OK
キャンセル
1077
2020/03/29
13
指定の値に等しい…
指定の値と等しくない…
指定の値より大きい…
指定の値以上…
指定の値より小さい…
指定の値以下…
指定の値の間…
欲しいデータがリストに表示されないときは「さらに読み込む」をクリックしてすべて表示させます。

図表 2-13　「テーブル」にチェックを入れ、「このデータモデルに追加する」のチェックを外す

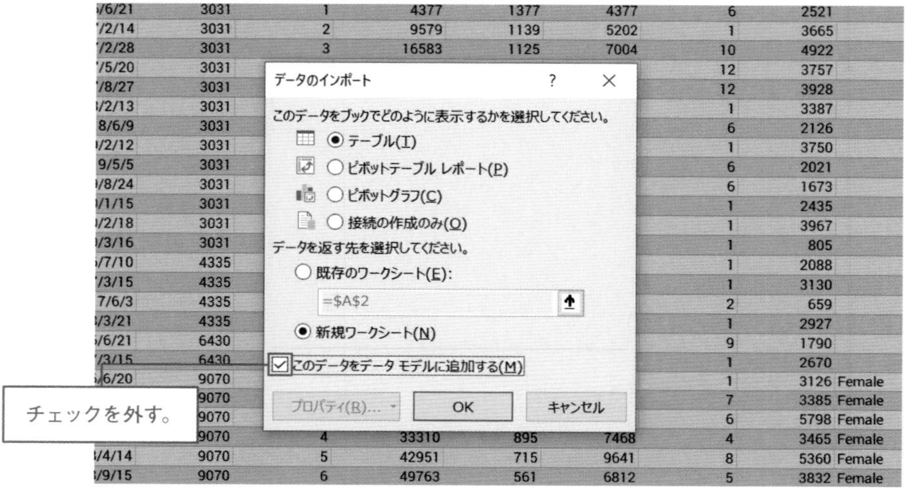

図表 2-14　RFM データベースを作成

	会員ID	最直近購買日	購買頻度	累計購買額	リテラル	非購買期間
2	3031	2020/3/16	13	61682	2020/3/29	13
3	9070	2019/2/6	7	55329	2020/3/29	417
4	9442	2020/2/26	5	12240	2020/3/29	32
5	11759	2020/2/19	21	111784	2020/3/29	39
6	13311	2018/7/3	1	2396	2020/3/29	635
7	14811	2020/3/10	9	23219	2020/3/29	19
8	19540	2019/6/1	6	21149	2020/3/29	302
9	21825	2019/6/2	9	23086	2020/3/29	301
10	27971	2020/3/8	9	16906	2020/3/29	21
11	29201	2018/10/2	1	2279	2020/3/29	544
12	30076	2019/9/21	4	9997	2020/3/29	190
13	30282	2020/2/18	14	58065	2020/3/29	40
14	31890	2020/3/11	6	27791	2020/3/29	18
15	32137	2020/3/18	6	31704	2020/3/29	11
16	35198	2019/7/6	3	9311	2020/3/29	267
17	37409	2020/2/18	8	23308	2020/3/29	40

これで元データからRFM分析を行う上でのデータ編集が完了しました。右側に表記される「プロパティ」においてこのデータベースに名前を付けて(私は「RFMデータベース」としました)、いったん保存をします。保存する際には、リボンの「ホーム」タブを選択し、「閉じて読み込む」を選択、「閉じて次に読み込む」を選択すると、**図表2-13**が表示されます。

今回編集したデータベースをワークシート上で計算する、グラフ化するといったことを行いたいので、このエクセルファイル上に表記させるために「テーブル」にチェックを入れます。このウィンドウの下部に表記される「このデータをデータモデルに追加する」というのは、端的に言うとPower Query エディターで加工したデータベースをピボットテーブルで用いるということを意味しますが、今回は特にピボットテーブル処理は行いませんので、このチェックボックスは空欄にしたまま「OK」ボタンを押します。

すると**図表2-14**のように、新しいシートに先ほど加工したデータベース

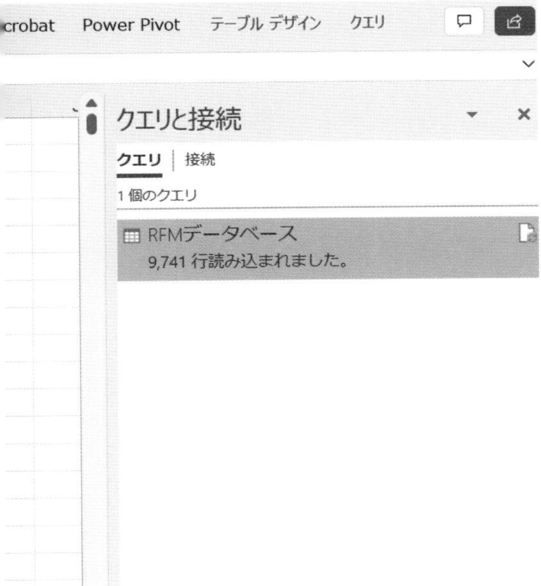

がテーブル形式で表記されました。また右側に「クエリと接続」という表示が生まれ、「RFMデータベース」というデータがクエリとして追加されたことが表記されました。右側に表記される「クエリと接続」で、新しく作成されたデータベースは9741行によって構成されていることがわかります。当初は1万5000人ほどの会員が掲載されていたわけですが、途中で「離脱」会員をリストから取り除くことで、約3分の2に該当する1万人程度にまで絞り込みがかけられました。これでStep1のRFM分析を行う上でのデータベース編集は終了となります。

Step2の実践　RFMの3軸によるクラスター分類を実施

いよいよ整理したデータを基に、クラスター分類に取り掛かります。今回はRecency、Frequency、Monetaryの3つの軸で分類するのですが、一括で分類しようとすると3次元でのチャートでの分布を見ることになり、これはなかなか視覚的に正しく位置関係を把握することが困難です。そこで今回は3つの軸のうち2つの軸を抽出して、その2軸による散布図を描きながら、それを3回繰り返すという作業をしようと思います。

| RFMその① |　Monetary × Recencyの分布

散布図を用いて、Monetary（X軸＝横）とRecency（Y軸＝縦）で分布を表します。「累計購買額」の列を選択し、Ctrlキーを押しながら「非購買期間」を同時に選択し、「挿入」から「グラフ」を選択し、その中から「散布図」を選びます（**図表2-15**）。

少数ですが、この2016年3月からの4年間で、O社において紅茶を数百万円購入された方もいらっしゃいます。これは私の主観的な想像ですが、かなり異常値のように思えますし、もしかしたら個人会員というよりは、商売として転売しているケースかもしれません。今回の分析の目的は、あくまでも一般消費者のクラスター分類になるので、今回は超高額購入者は「異常値」として除外します。具体的には、「累計購買額」が100万円を1つのボー

図表2-15　Monetary（横）、Recency（縦）で散布図を作成

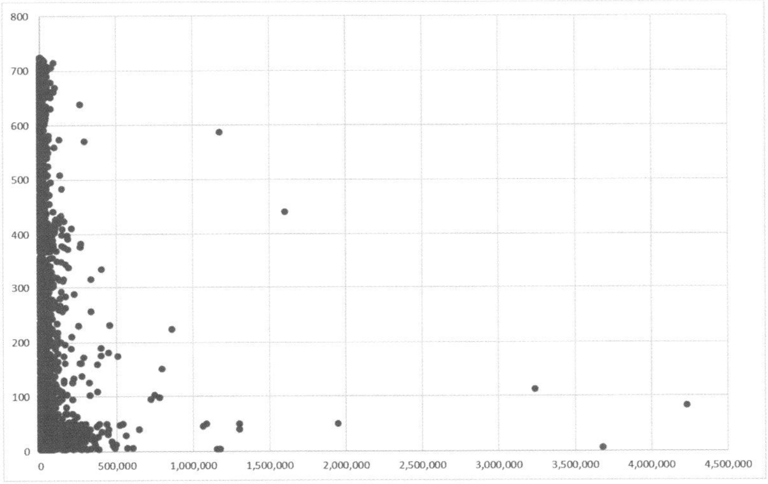

ダーラインとし、「累計購買額」100万円未満のお客様のみをRFM分析の対象としたいと思います。データに戻り、「累計購買額」にフィルターをかけて、100万円未満の顧客IDだけを残します（**図表2-16**）。

すると先ほど作成した散布図においても、高額購買者が取り除かれ、**図表2-17**のような分布になりました。

購買金額が少ない層においてはRecencyがかなりばらついていることがわかります。一方高額購買者はこのO社との結びつきが強く、比較的最近に購入してくれたことがわかります。ただ少しだけ気になるのは、60万円を超えたあたりからRecencyが長くなっている傾向が見られます。O社にとって売上貢献の大きな優良顧客の足が離れていないかは気になるところです。

図表2-16 「累計購買額」100万円未満のお客様で絞り込む

図表2-17 絞り込んだデータで散布図をつくり直す

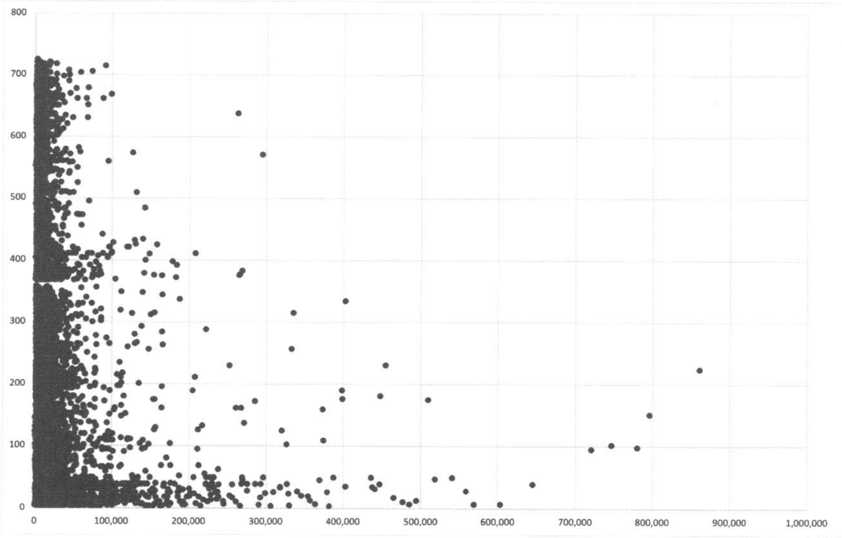

| RFM その② |　Frequency × Recency の分布

Monetary を Frequency に代えてみましょう。先ほどと同様に「購買頻度」の列を選択し、Ctrl を押しながら「非購買期間」の列を同時選択して、散布図のグラフをつくります（**図表2-18**）。「累計購買額」に関しては、先ほどフィルターをかけたように、100万円未満の顧客 ID のみを対象にしたいと思います。

購買頻度が高い方は相対的に Recency が低いことから、定期的にO社で購入している様子がうかがえます。購買頻度が10回を超えるころから定着傾向が強まってきて、20回を超える顧客は最近も購入してくれているのがわかります。片手で数える程度の利用回数では、頻繁に購入してくれるような「O社に定着した固定客」とまでは言えず、多少時間と労力をかけ、じっくりとお付き合いをすることで顧客の定着が図られてくるというのがわかります。

図表 2-18　Frequency（横）、Recency（縦）で散布図を作成

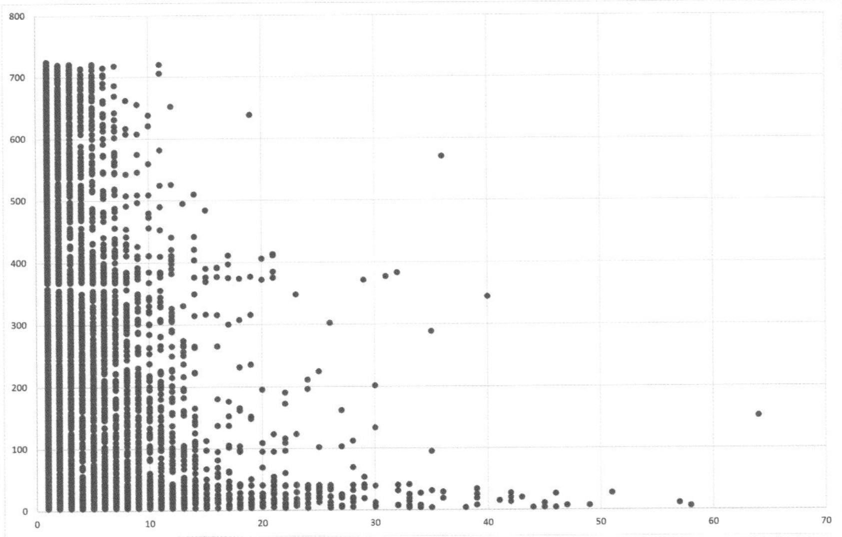

| RFM その③ | Monetary × Frequency の分布

同様に、Monetary と Frequency の散布図をつくってみます（**図表2-19**）。

予想されていたことではありますが、大まかに言えば Monetary と Frequency については正の相関関係があります。ただ、それでも購買回数が増えれば増えるほどそのばらつきは大きくなります。20回以上の購買回数のある「ファン」のお客様の中にも、平均単価が相対的に低めの人と、平均購買単価が高い方がいらっしゃいます。仮説ではありますが、購買頻度が低いうちにその傾向が決まり、購買回数を重ねながら平均単価が固まっていくというそんなイメージでしょうか。

以上、３つの散布図を使って、Recency、Frequency、Monetary の３つの軸を用いて傾向値を見てきました。これらを見る中で、全体を５つのクラスターに分類をしようと思いますが、皆さんはどのように分類するのが良いとお考えになりましたか？

図表2-19　Monetary（縦）、Frequency（横）で散布図を作成

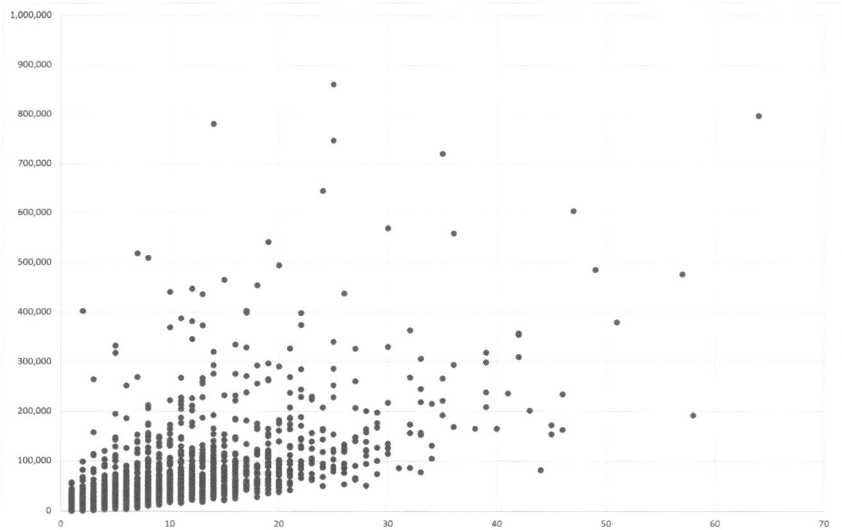

このクラスター分類には絶対的な正解はないのですが、顧客の定着度合いまでのプロセスを考慮して、次のような分類をしてみようと思います。

①初回購入者で、購入してからのインターバルが半年以内の人
②同じく初回購入者だが、購入してからのインターバルが半年以上たっている人
③購入回数が２回～10回の人で、累計購買金額が２万円未満の人
④購入回数が２回～10回の人で、累計購買金額が２万円以上の人
⑤購入回数が11回以上の人

このような分類を行った意図としては、

- 初回購入いただいたお客様の印象がホットなうちに、２回目の購買を促し、O社との関係性を強くしたい
- 半年以内のリピートが理想的ではあるが、それがかなわないにしても、思い出してもらうために購買後２年以内にはこちらから働きかけを行い、リマインドを行いたい
- ２回目～10回目の購買を行うお客様とは、慎重に関係構築を行いたい。特に購買金額が大きなお客様はO社にとっても重要度が大きいので、重点的なフォローアップをしたい
- 購買金額を問わず、継続回数が増えることでお客様の定着化が期待できるので、もしそこから「離脱」してしまう可能性があれば、すぐさま対応を行いたい

ということです。繰り返しになりますが、この分類自体が絶対解ではなく、どのような意図をもつかによって分類の切り口は変わってくるということに注意をしてください。

この条件を基に、会員IDごとにクラスター分類を実施します。エクセルで表記されたテーブルの横に新しくIF関数を用いてクラスター分類の列を加えます。AND関数とIF関数を組み合わせることで、条件によってクラスター分類をするフォーミュラ（方程式）を入れています。セルGの列は、先ほどの分類を条件式でもってクラスター1（初回購入者・インターバル短め）からクラスター5（高頻度購買者）を分類する式が挿入されています（図表2-20）。

新たに加えたG列のクラスターごとの件数をCOUNTIF関数でカウントします（図表2-21）。

これでいったん2020年3月29日時点での会員の分類は完了しました。本書においてはStep3については触れませんが、本来であればここからクラスターごとに適切なマーケティング施策を検討することになります。

図表2-20　AND関数とIF関数を組み合わせて、クラスター分類の列を追加

G2　fx　`=IF(AND(C2=1,F2<=180),1,IF(C2=1,2,IF(AND(C2<=10,D2<20000),3,IF(C2<=10,4,5))))`

	A	B	C	D	E	F	G	H
1	会員ID	最直近購買日	購買頻度	累計購買額	リテラル	非購買期間	クラスター	
2	3031	2020/3/16	13	61,682	2020/3/29	13	5	
3	9070	2019/2/6	7	55,329	2020/3/29	417	4	
4	9442	2020/2/26	5	12,240	2020/3/29	32	3	
5	11759	2020/2/19	21	111,784	2020/3/29	39	5	
6	13311	2018/7/3	1	2,396	2020/3/29	635	2	
7	14811	2020/3/10	9	23,219	2020/3/29	19	4	
8	19540	2019/6/1	6	21,149	2020/3/29	302	4	
9	21825	2019/6/2	9	23,086	2020/3/29	301	4	
10	27971	2020/3/8	9	16,906	2020/3/29	21	3	
11	29201	2018/10/2	1	2,279	2020/3/29	544	2	
12	30076	2019/9/21	4	9,997	2020/3/29	190	3	
13	30282	2020/2/18	14	58,065	2020/3/29	40	5	
14	31890	2020/3/11	6	27,791	2020/3/29	18	4	
15	32137	2020/3/18	6	31,704	2020/3/29	11	4	
16	35198	2019/7/6	3	9,311	2020/3/29	267	3	
17	37409	2020/2/18	8	23,308	2020/3/29	40	4	
18	43681	2018/9/8	1	1,710	2020/3/29	568	2	

図表2-21 **COUNTIF関数でクラスターごとに件数を集計する**

J2 fx =COUNTIF(G:G,I2)

	A	B	C	D	E	F	G	H	I	J	K
1	会員ID	最直近購買日	購買頻度	累計購買額	リテラル	非購買期間	クラスター		クラスター	件数	比率
2	3031	2020/3/11	13	61,682	2020/3/29	18	5		1	1,196	12%
3	9070	2019/2/1	7	55,329	2020/3/29	422	4		2	3,442	35%
4	9442	2020/2/21	5	12,240	2020/3/29	37	3		3	2,922	30%
5	11759	2020/2/14	21	111,784	2020/3/29	44	5		4	1,375	14%
6	13311	2018/6/28	1	2,396	2020/3/29	640	2		5	806	8%
7	14811	2020/3/5	9	23,219	2020/3/29	24	4		合計	9,741	100%
8	19540	2019/5/27	6	21,149	2020/3/29	307	4				
9	21825	2019/5/28	9	23,086	2020/3/29	306	4				
10	27971	2020/3/3	9	16,906	2020/3/29	26	3				
11	29201	2018/9/27	1	2,279	2020/3/29	549	2				
12	30076	2019/9/16	4	9,997	2020/3/29	195	3				
13	30282	2020/2/13	14	58,065	2020/3/29	45	5				
14	31890	2020/3/6	6	27,791	2020/3/29	23	4				
15	32137	2020/3/13	6	31,704	2020/3/29	16	4				
16	35198	2019/7/1	3	9,311	2020/3/29	272	3				
17	37409	2020/2/13	8	23,308	2020/3/29	45	4				
18	43681	2018/9/3	1	1,710	2020/3/29	573	2				
19	43967	2020/2/25	8	15,171	2020/3/29	33	3				
20	44456	2020/3/4	6	6,873	2020/3/29	25	3				
21	46888	2018/12/28	1	2,275	2020/3/29	457	2				

Column

K平均法

本章におけるケースでは、Recency、Frequency、Monetaryの3つの軸のうち、2つずつ組み合わせて散布図をつくり、目視で確認しながらクラスター分類をしてきましたが、機械的にクラスター分類をする手法も存在します。この代表的なものがK平均法と呼ばれるものです。

あるデータが存在していて、それをK個のクラスターに分類しようとします。その際にK個の仮の「クラスターの【重心】」を適当にプロットし、各データとK個の「クラスターの【重心】」の距離を測定した上で、【重心】との距離が最も近いクラスターに属するといったん仮置きをします。

このようにしていったんクラスター分類されたものを再度平均して、仮で設定した【重心】を、計算上算出された【重心】に置き換えます。その上で、新しく設定された【重心】と、各データとの距離を測り、あらためて最も近い【重心】と同じクラスターとして再編集します。

図表2-22 K平均分析のプロセス

①適当にクラスターの【重心】を決める。

③分類したクラスターの身長・体重の平均を測り、それを新しい【重心】と設定する。

	A	B	C	D	E	F	G	H	I	J
1										
2					1回目				2回目	
3					身長	体重			身長	体重
4			クラスター1		152.0	60.0			154.4	68.3
5			クラスター2		170.0	50.0			167.8	52.8
6										
7	氏名	身長	体重		クラスター1	クラスター2	分類		クラスター1	クラスター2
8	A	156	63		5.00	19.10	1		5.51	15.59
9	B	150	73		13.15	30.48	1		6.47	26.93
10	C	174	49		24.60	4.12	2		27.48	7.29
11	D	153	73		13.04	28.60	1		4.93	25.05
12	E	153	70		10.05	26.25	1		2.23	22.70
13	F	147	67		8.60	28.60	1		7.54	25.17
14	G	165	53		14.76	5.83	2		18.59	2.76
15	H	172	81		29.00	31.06	1		21.69	28.57
16	I	150	51		9.22	20.02	1		17.84	17.84
17	J	171	70		21.47	20.02	2		16.66	17.55
18	K	161	39		22.85	14.21	2		30.01	15.32

②設定したクラスターの【重心】との距離を測り、距離の短いほうのクラスターに分類する。

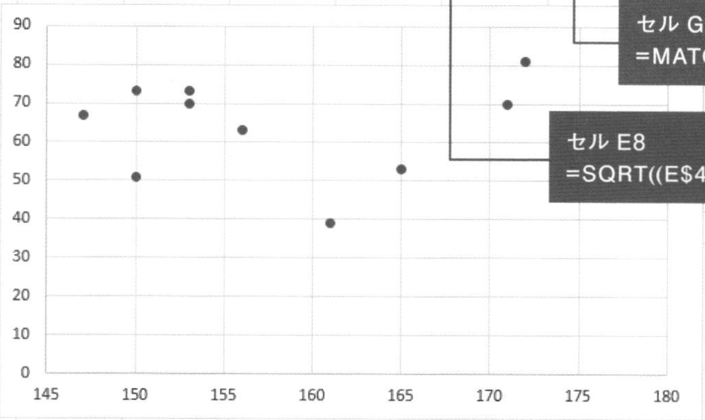

セル G8
=MATCH(MIN(E8:F8),E8:

セル E8
=SQRT((E$4-$B8))^2+(F$4-$C8

⑤③と同様の処理を実施。
これを前回の【重心】が動かなくなるまで繰り返す。

M	N	O	P	Q	R	S	T
3回目				4回目			
長	体重			身長	体重		
7.4	71.0			157.4	71.0		
2.5	48.0			162.5	48.0		
ター1	クラスター2	分類		クラスター1	クラスター2	分類	
13	16.35	1		8.13	16.35	1	
69	27.95	1		7.69	27.95	1	
.54	11.54	2		27.54	11.54	2	
86	26.74	1		4.86	26.74	1	
54	23.96	1		4.54	23.96	1	
.17	24.52	1		11.17	24.52	1	
.53	5.59	2		19.53	5.59	2	
.67	34.34	1		17.67	34.34	1	
.34	12.85	2		21.34	12.85	2	
.61	23.58	1		13.61	23.58	1	
.20	9.12	2		32.20	9.12	2	

3回目の【重心】から
動かなくなった!!

最終的なクラスター分類。

④②と同様の処理を実施。

このように、仮で設定した【重心】と、計算上算出された【重心】が同じになるまで繰り返すことで、機械的に合理的なクラスター分類をする方法がK平均法と呼ばれるものです。

Python や R といったプログラム言語で簡単に計算できますが、それらを使わずともエクセルでも計算することは可能です。つまり、次のようになります。

①１回目に設定したK個の【重心】と、各データとの距離を測定し、それがどのクラスターに一番近いかを見定める
②クラスター分類されたデータの平均値をとり、これをあらためて【重心】として再設定する
③あらためて再設定された【重心】と、各データとの距離を再測定し、どのクラスターに一番近いかを再計算する
④②と③のプロセスを再度行い、【重心】が変わらなくなるまでこのプロセスを繰り返す（図表2-22）

目視でのクラスター分類は恣意性がどうしても入ってしまいますが、K平均法では単純に各クラスターの【重心】との距離を測定してクラスター分類するので、恣意性は入らず、合理的な分類を行うことが可能です。
もちろん「合理的」である分類と、直感的にビジネスにおいてマーケティングに活用できる分類法が必ずしも同じになるわけではないことには注意が必要です。

時系列でクラスターの推移を把握する

ところで、2020年３月29日時点での会員の分類は先ほどのステップで完了しましたが、時系列で見たときにO社の顧客分類に変化はあるのでしょうか。もしその変化があったとしたら、それは望ましい変化なのでしょうか、

それとも望ましくない変化なのでしょうか。

もし望ましくない変化だとするのであれば、マーケティング施策を検討するときに注力すべき優先順位の高い項目が変わってきます。そこで1年前および2年前と比較をし、それぞれのクラスターにおける会員人数がどのように変化しているかを確認してみたいと思います。

今回のRFM分析を行う上で編集したPower Queryのデータを再活用したいと思います。リボンの「データ」タブから「クエリと接続」を選択し、右側に表示された「RFMデータベース」をダブルクリックしてPower Queryエディターを起動します。

このデータベースは2020年3月29日時点での非購買期間や購買頻度、累計購買金額を算出したものでした。このデータベースを活用し、2019年3月31日時点および2018年3月31日時点での同様のデータベースをつくっていきたいと思います。

まずは「RFMデータベース」の名前を編集しましょう。今から1年前、2年前のデータベースをつくるので、いったんこの基になるデータベースの名前をRFMデータベース_20200329と改名することにします。プロパティの名前を直接編集すれば大丈夫です（**図表2-23**）。

昨年度の3月末時点でのデータベースをつくります。

2020年3月29日時点でのデータベースを複製します。左側にあるクエリの欄にある「RFMデータベース_20200329」を右クリックして、「複製」を選択します（**図表2-24**）。そうすると同じデータベースが複製されますので、名前を「RFMデータベース_20190331」に編集しましょう。

この複製したデータベースを基に、2019年3月31日時点での再直近購買日、購買頻度、累計購買金額、非購買期間を算出したいと思います。そのためにはグループ化する前の段階に戻って、購買日を2019年4月1日よりも前のデータだけにフィルターをかけて絞り込みを掛けます。右側に表記され

図表2-23 データベースを改名する

```
= Table.SelectRows(#"名前が変更された列 ", each [非購買期間] <= 730)
```

	1²₃ 会員ID	最直近購買日	1.2 購買頻度	1.2 累計購買
1	3031	2020/03/16	13	
2	9070	2019/02/06	7	
3	9442	2020/02/26	5	
4	11759	2020/02/19	21	
5	13311	2018/07/03	1	
6	14811	2020/03/10	9	
7	19540	2019/06/01	6	
8	21825	2019/06/02	9	
9	27971	2020/03/08	9	
10	29201	2018/10/02	1	
11	30076	2019/09/21	4	
12	30282	2020/02/18	14	
13	31890	2020/03/11	6	
14	32137	2020/03/18	6	
15	35198	2019/07/06	3	
16	37409	2020/02/18	8	
17	43681	2018/09/08	1	
18	43967	2020/03/01	8	

リテラル
非購買期間
2020/03/29
クエリの設定
プロパティ
名前
RFMデータベース_20200329
すべてのプロパティ
適用したステップ
ソース
変更された型
グループ化された行
変更された型1
挿入されたリテラル
変更された型2
挿入された日付の減算
名前が変更された列
フィルターされた行

図表2-24 データベースの複製

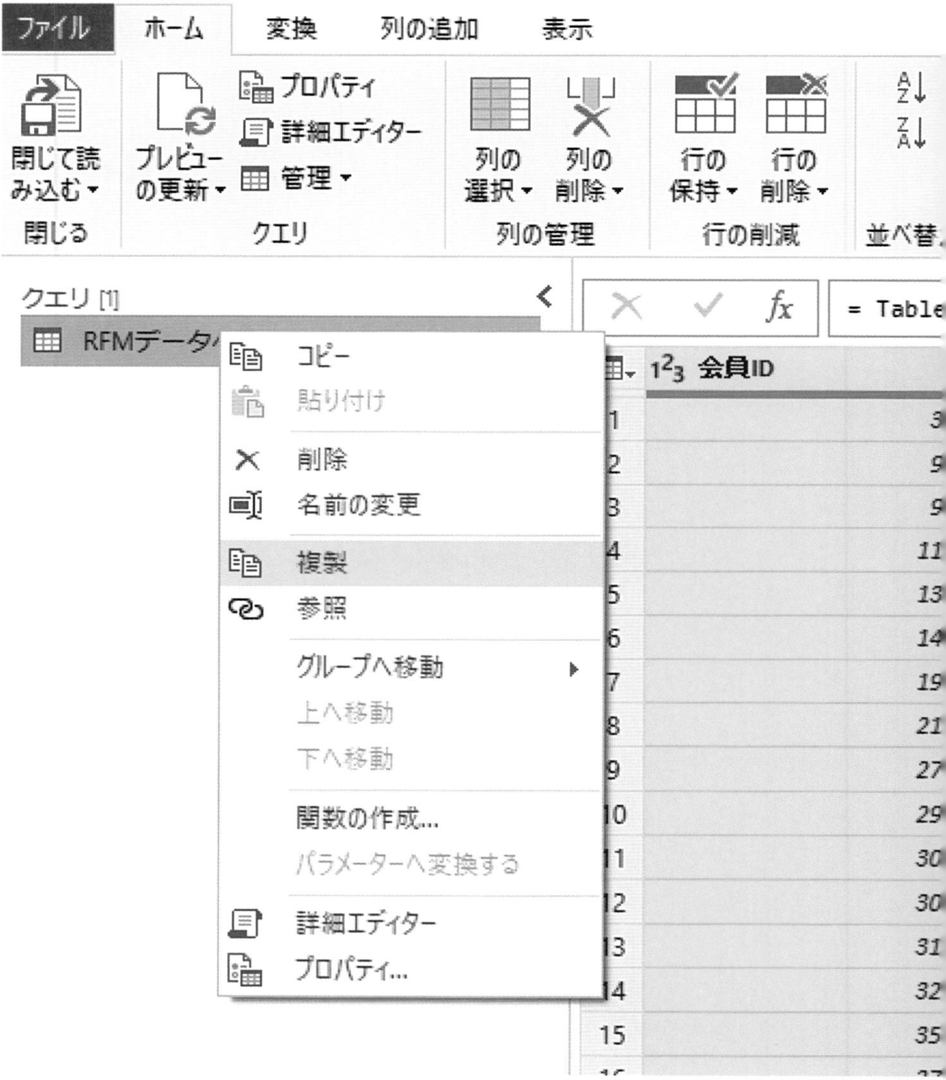

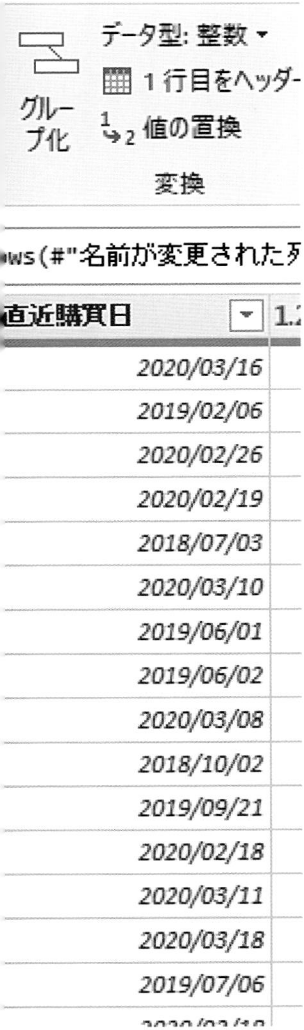
データ型: 整数
1 行目をヘッダ
グループ化
値の置換
変換
ws(#"名前が変更された
直近購買日
2020/03/16
2019/02/06
2020/02/26
2020/02/19
2018/07/03
2020/03/10
2019/06/01
2019/06/02
2020/03/08
2018/10/02
2019/09/21
2020/02/18
2020/03/11
2020/03/18
2019/07/06

ている「クエリの設定」から、「適用したステップ」にある「変更された型（会員IDでグループ化を掛ける直前のプロセス）」を選択します（**図表2-25**）。

この段階で2019年4月1日以降のデータは不要ですから、購買日の列にフィルターをかけ、2019年3月31日以前のデータだけ残します。購買日の列にフィルターをかけ、「日付／時刻フィルター」から「次の値より前」を選択し、2019年4月1日を指定します（**図表2-26**）。これで2019年3月31日以前のデータだけが保持されることになりました。

図表2-25　グループ化する前の段階に戻る

次に「挿入されたリテラル」のステップをクリックします。ここでは基準となる日付を設定したのですが、今回は「今日」から1年前の2019年3月31日を基準にするので、数式バーに表記されたフォーミュラの日付を“2019/3/31”と書き換えます（**図表2-27**）。

この2つのポイントだけ編集すれば、この新しく複製したデータベースが「2019年3月31日時点での、最直近購買日、購買頻度、累計購買金額、非購買期間を記載した会員IDごとのデータ」に再編集されることになります。

図表2-26 フィルターをかけて絞り込む

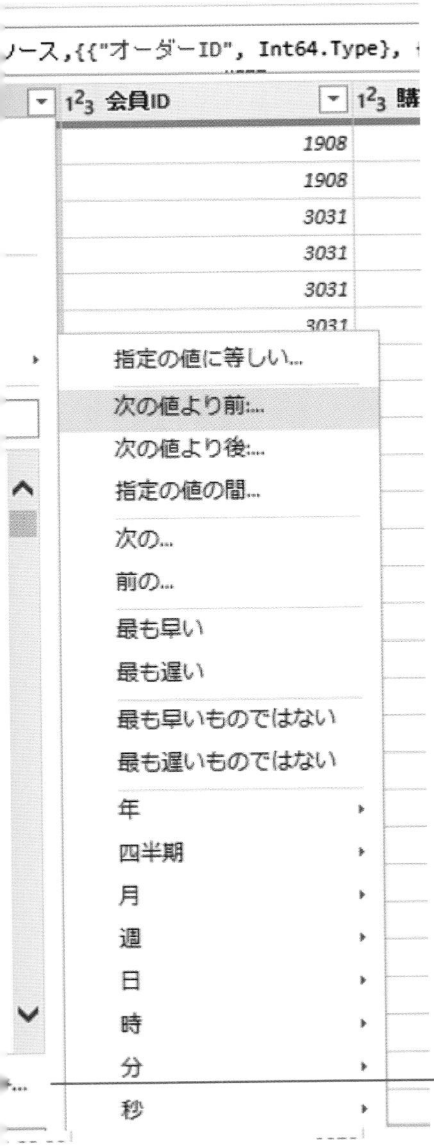

欲しいデータがリストに表示されないときは「さらに読み込む」をクリックしてすべて表示させます。

図表 2-27 「挿入されたリテラル」で基準となる日付を変更する

```
= Table.AddColumn(変更された型1, "リテラル", each "2019/3/31", type text
```

	1²3 会員ID	最直近購買日	1.2 購買頻度	1.2 累計購買
1	1908	2017/09/16	2	
2	3031	2019/02/12	8	
3	4335	2018/03/21	4	
4	6430	2017/03/15	2	
5	9070	2019/02/06	7	
6	9442	2018/10/07	3	
7	10638	2017/03/16	5	
8	11759	2019/03/13	17	
9	13311	2018/07/03	1	
10	14061	2017/10/09	1	
11	14483	2017/07/01	2	
12	14811	2019/02/19	7	
13	19540	2018/12/05	5	
14	21825	2019/01/29	8	
15	23352	2016/10/12	1	
16	27971	2019/02/03	6	
17	29201	2018/10/02	1	
18	29909	2016/10/11	1	
19	30076	2018/09/08	3	

2018年３月31日時点でのデータを作成する際にも、同様のデータ処理（クエリの複製 → 名前の修正 → 変更された型のステップで再直近購買日のフィルタリング → 挿入されたリテラルにて基準日の再設定「2018/3/31」）を行います。

これらの処理が完了したら、先ほど同様エクセルファイル上にデータを表記してみましょう。リボンの「ホーム」タブから「閉じて読み込む」を選択、その中の「閉じて次に読み込む」を選択します。すると**図表2-28**のようなウィンドウポップアップが表示されますので、「テーブル」および「新規

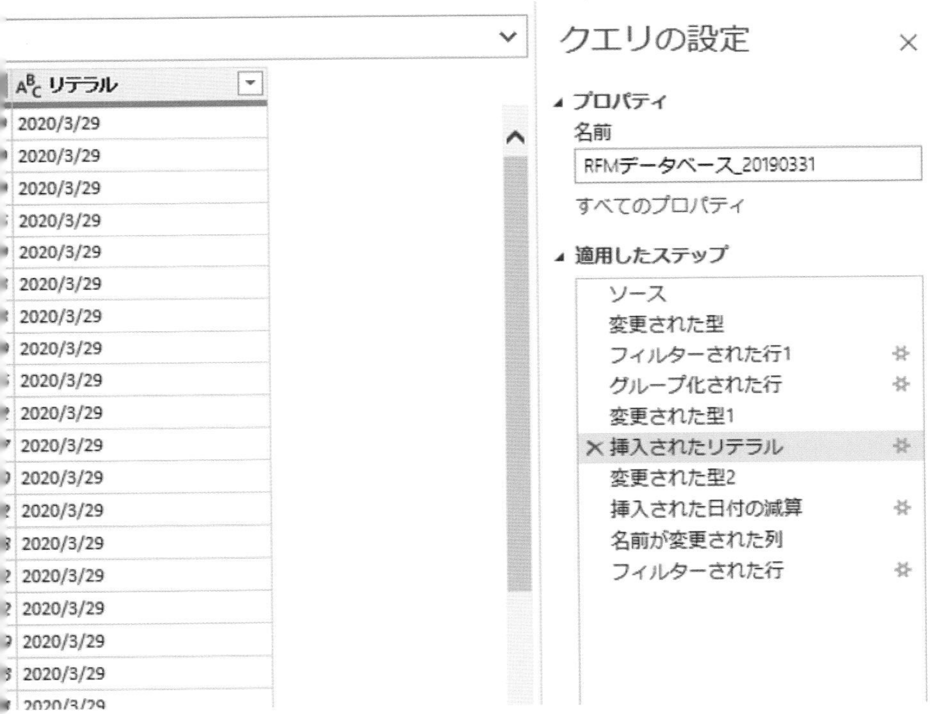

ワークシート」にチェックを入れて「OK」を押します。すると、新しいシートに先ほど作成した2019年３月31日時点での会員IDリストおよび2018年３月31日時点での会員IDリストが作成されます。

この新しくできた会員IDリストに、クラスター分類の列およびクラスターごとの会員ID数のカウントを加えます。「RFMデータベース」（図表2-14参照）のシートのG列と同様のクラスター分類の列を新しいシートに加えます。すなわちクラスター分類の条件式を入れて、各会員IDがどのクラスターに属するのかを計算させます（図表2-20参照）。

図表2-28 「閉じて読み込む」「閉じて次に読み込む」を選択、「テーブル」「新規ワークシート」にチェック

	A	B	C	D	E	F	G
1	会員ID	最直近購買日	購買頻度	累計購買額	リテラル	非購買期間	ｸﾗｽﾀｰ
2	3031	2020/3/16	13	61,682	2020/3/29	13	5
3	9070	2019/2/6	7	55,329	2020/3/29	417	4
4	9442	2020/2/26	5	12,240	2020/3/29	32	3
5	11759	2020/2/19	21				5
6	13311	2018/7/3	1				2
7	14811	2020/3/10	9				4
8	19540	2019/6/1	6				4
9	21825	2019/6/2	9				4
10	27971	2020/3/8	9				3
11	29201	2018/10/2	1				2
12	30076	2019/9/21	4				3
13	30282	2020/2/18	14				5
14	31890	2020/3/11	6				4
15	32137	2020/3/18	6				4
16	35198	2019/7/6	3				3
17	37409	2020/2/18	8				4
18	43681	2018/9/8	1				2
19	43967	2020/3/1	8	15,171	2020/3/29	28	3
20	44456	2020/3/9	6	6,873	2020/3/29	20	3

図表2-29 クラスターごとの会員IDの推移

ｸﾗｽﾀｰ	2018.3末	2019.3末	2020.3末
1	1,337	1,461	1,226
2	3,817	3,273	3,412
3	2,942	3,245	2,922
4	997	1,291	1,375
5	199	492	806
合計	9,292	9,762	9,741

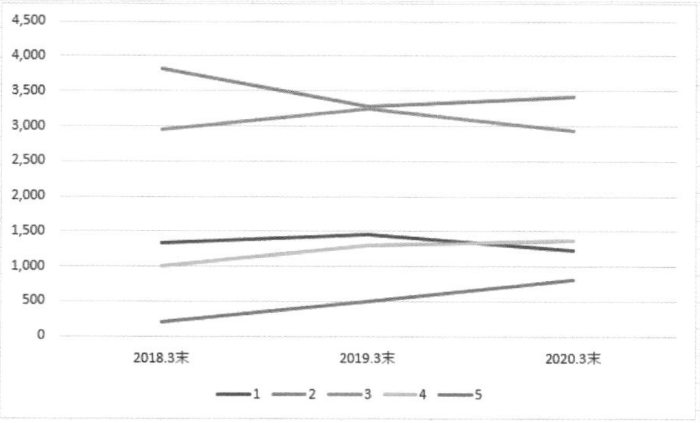

同様に「RFMデータベース」のシート内のセルI1～セルL7の件数をカウントするテーブル（図表2-21参照）をコピーして、新しくできたシートにペーストします。このプロセスを行うことで、2018年3月31日、2019年3月31日時点でのクラスター分類ごとの会員IDをカウントすることが可能になります。

後はこれを集計して、時系列でのクラスターごとの会員IDの推移を確認してみましょう（図表2-29）。

まとめ

時系列でクラスターの推移を押さえて、望ましい変化・望ましくない変化をとらえる

さてここからどのようなことが言えるでしょうか。

まず良い点としては、次のことが考えられます。

- クラスター5の「購買回数が11回以上」の固定客のIDはこの3年間で大きく伸びていることがわかる。ファンを大事に育て、O社を支える優良顧客が着実に積みあがっていることがわかる。
- クラスター4の「購買回数が2～10回の会員でかつ累計購買金額が2万円以上」の貢献度が大きな顧客の層も増えていることがわかる。特に購買回数2～10回でありながら累計購買金額が2万円未満の層（クラスター3）があまり増えていないことから、貢献度の大きな層の占める率が着実に増加していることがうかがえる。

一方、次の点については課題とも考えられそうです。

● 新規会員数（クラスター１＋２）はこの３年間で減っており、2018年３月末に比べて10％以上減少している。減少している要因は①スムーズにクラスター３および４に移行している、もしくは②新規購買者数が減少している、の２つの可能性があるが、もし②が大きな要因だとするのであれば、新規会員が将来の成長の源泉であるため、ここが減っているのは明らかに問題と言えそう（現段階では断言はできないので、この仮説を基により突っ込んだ分析を行うことが望ましい）。

いかがでしょうか。このような分析プロセスを経ることで、O社の顧客を５つのクラスターに分類し、そのクラスター単位で適応するプロモーション施策を別途検討することで、より顧客との関係性を強化することが可能になるとともに、時系列でクラスターに所属する会員数の推移を押さえることで、望ましい変化・望ましくない変化をとらえることが可能になります。

Power Query 機能を活用すると、いとも簡単に大量データの処理が可能となり、分析の質を高めることができます。ぜひお試しいただきたい機能です。

Chapter 3

回帰分析に基づいた「因果関係」の仮説検証

Case Study

社員採用試験は効果的に機能しているのか？

創業８年目を迎えるＸ社は、成長カーブが加速化した３年前から積極的に社員採用を行うようになった。ユニークな事業内容がメディアで頻繁に取り上げられたこともあり、入社希望者は多かったが、採用専任の担当者がいなかった。そのため、採用の効率性を高めつつも必要な人材を確保する能力をアップさせることが非常に重要な課題であった。

そのような背景もあってＸ社の採用プロセスは、第一段階でのオンラインでの採用テストで応募者の３割まで絞り込みをかけ、残った候補者から２回の面接を経て、内定者を出すというのが現段階でのオペレーションであった。結果として総応募人数のうち１割を目安に内定を出している。

こうした採用を本格化してから３年たって、当時採用した社員のパフォーマンスのばらつきが顕在化し始めた。経営チームから採用テストが本当に正しく適任者を絞り込んでいるのかという疑問が出たため、管理部のあなたは効果測定を行うことになった。

イシューの特定

採用テストで将来のハイパフォーマーを見抜けるのか

本ケースでは、「採用テストが本当に正しく適任者を絞り込んでいるのか」

という経営チームの問いに対して、エクセルを使った定量分析を基に回答をしていきます。この手のトピックスにおいて、よくやってしまう失敗は、「イシュー」を深く考えずに分析に取り掛かってしまうことです。よく考えてみれば「採用テストは効果があるかどうか」というのは何を基準に効果性を判断したらいいかがあいまいです。

そこで、まず具体的にどのようなことを考えれば、この問いに対する答えが出るのか、イシューを再設計してみたいと思います。

例えば「社員の将来的なパフォーマンスは、採用テストの結果によって予見することが可能か」と言い換えてみましょう。つまり「入社前に行った採用テストの点数が高ければ、将来のパフォーマンス評価も高くなる」ということがわかれば、採用テストは「将来のハイパフォーマーを見抜く効果的なツールである」ということになります。逆にこの仮説が成り立たず、採用テストの点数と将来の評価の間にまったく相関性がなければ、「現在の採用テストは意味がない」ということになります。

つまりここで私たちが行うべき分析とは、「将来の業務のパフォーマンスと採用テストの点数の間に相関性があるのかどうか検証すること」と言えます。

フレームワーク1

回帰分析による相関性の検証

今回、このアプローチで使うのが「回帰分析」という手法です。

Column **回帰分析とは**

回帰分析とは、２つの事象の間に相関関係が存在するかどうかを見極めることを目的とする分析方法で、ある変数と別の変数の間の関係を、複数のデータから推測していきます。

典型的な関係式が、Ｙ＝aX＋ｂで表される一次方程式（線形回帰）です。この場合、Ｘに該当する変数を独立変数と呼び、Ｙに該当する変数はＸの値に応じて変動する変数（従属変数）ということになります。エクセルには、２つの変数を含むデータからこうした方程式を自動的に作成する機能があります。

ところで分析を始める前に「因果関係」と「相関関係」の違いをあらためて確認しておきましょう（**図表3-1**）。

因果関係というのは、図表3-1の上側に描かれている、「**原因があるから結果が生まれる**」という関係です。例として、「気温が上がる（原因）から、アイスクリームが売れる（結果）」をあげています。このように、物事を引き起こす要因があって、それによって引き起こされていることがあるという関係性、これを因果関係と言います。

分析の目的として重要なものの一つは「物事の因果関係を明らかにする」ことだと私は考えています。つまり問題が発生した場合であれば、その因果関係を突き詰め、問題を引き起こしている原因を突き止めることで課題の解決につながりますし、逆に好業績を生み出しているのであれば、それを誘発している要因を突き詰めることで成功の再現性を高くすることができます。

ただし現実的には、原因と結果というのは複雑に絡み合っていて、これほど明確な「因果関係」を発見できるのはむしろまれなことです。通常であれ

図表3-1　**因果関係と相関関係**

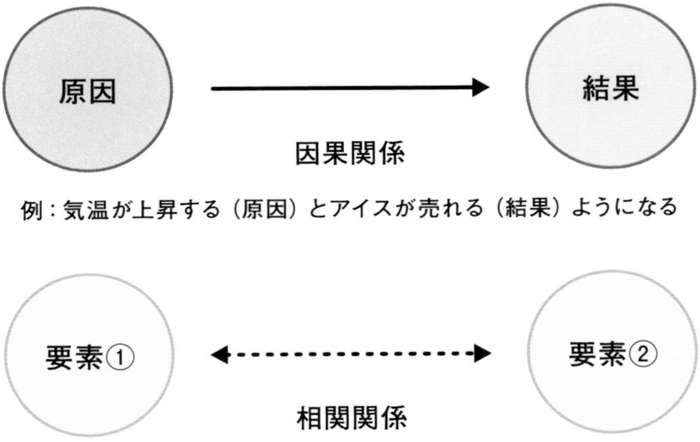

例：気温が上昇する（原因）とアイスが売れる（結果）ようになる

例：アイスが売れる（要素①）とビールが売れる（要素②）
→ 実はその背後には、気温が上昇したという原因がある……

ばデータをいくら分析しても「この要素とこの要素は関連性があるな」というところまでしか到達できず、つまり相関関係があることまでしか突き止められません。

相関関係とは、図表3-1の下側にあるような関係性で、ここでは「アイスが売れるとビールが売れる」という関係を例にあげています。因果関係は原因と結果の関係ですが、「アイスが売れる」ことと「ビールが売れる」ことは、**原因と結果の関係ではなく、同時並行的に物事が起こっているということにすぎません**。皆さんもおわかりのように、この２つの事象の背後には、「気温が上昇した」という原因が隠れています。

実際のビジネスシーンにおいては、２つの事象の関連性を分析することで得られる結果は、多くの場合は因果関係ではなく、単なる相関関係です。基本的にこの「アイスが売れる」「ビールが売れる」のように、「何かと何かが関連しているぞ」というところまでしかわかりません。ただし、それがわかることによって、真の原因がどこにあるのかという仮説を立てることが可能になります。「アイスが売れる」「ビールが売れる」という２つの事象が同時に起きているという事実から、「どうやら共通の原因があるらしい」「もしかすると気温が関係しているのではないか」という仮説が立てられるでしょう。

この仮説を基に、新たに気温の変化とアイスの売れ行きという関係を示すデータを集め、回帰分析でその相関性が明らかになれば、「気温が上がればアイスが売れる」ことが100％因果関係にあるとは断言できないにしても、仮説自体がかなり筋の良いものであることがわかります。

アプローチ

エクセルによる回帰分析のステップ

エクセルを使って回帰分析を行う場合、一番簡単でわかりやすいのは、２つの変数の掲載されたデータテーブルを「散布図」で表現するやり方です。片方の変数をＸ軸（たいていの場合「原因」に当てはまりそうな要素をこちらにする）、もう片方の変数をＹ軸（たいていの場合「結果」に当てはまりそうな要素をこちらにする）にして、散布図をつくると、目視でも相関性を確認することができますし、決定係数（R^2で表現された数値）を表示することで定量化することも可能です。

図表3-2は、日産自動車の平成15年から平成27年までの９年間の売上高と経常費用の関係性を散布図で表現したものです。

さて今回の分析対象となるのは**図表3-3**のデータシートです（https://str.toyokeizai.net/books/9784492558058/ よりダウンロードが可能です。パスワードは「mbaexcel」)。こちらのデータを用いて回帰分析を行い、採用テストの結果と、３年後の評価（１から５までの５段階評価。１が最も低い評価で、５が最も高い評価）との間に相関関係があるかどうかを検証していきましょう。

図表3-2 日産自動車の過去9年間の売上（X軸＝横）と費用（Y軸＝縦）の関係性

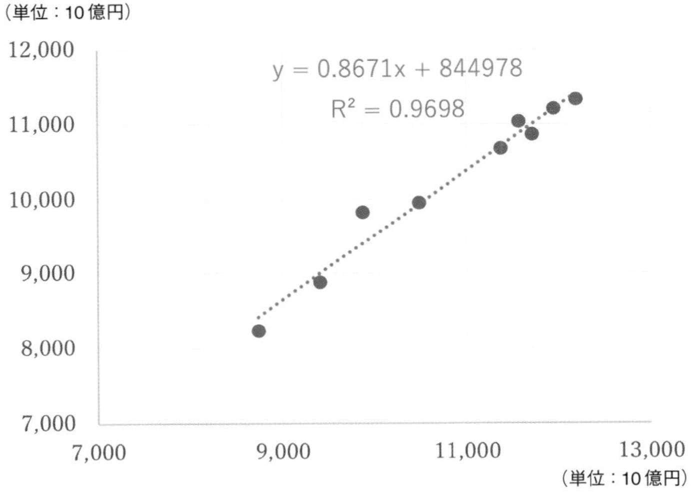

図表3-3 採用テストと3年後の評価

	A	B
1	採用テストの点数	3年後の評価
2	60	1
3	61	1
4	61	5
5	62	2
6	63	1
7	66	5
8	66	2
9	67	2
10	68	1
11	69	1
12	70	2
13	70	4
14	70	2
15	70	3
16	71	2
17	71	4
18	73	3
19	73	5
20	74	3
21	75	3
22	77	3
23	77	2
24	78	3
25	78	4
26	79	3
27	73	2
28	79	4
29	80	5
30	81	1
31	83	3
32	85	4
33	85	3
34	86	3
35	87	4
36	89	3
37	91	5
38	92	5
39	92	4
40	96	5
41	97	5
42	98	2
43	100	4

（注：便宜上、横に並べていますが、実際は、元データは縦に連続して並んでいます）

図表3-4　COUNTIF関数で5段階評価の分布を算出

	A	B	C	D	E	F	G	H
1	採用テストの点数	3年後の評価				=COUNTIF($B$2:$B$43,D3)		
2	60	1		評価	人数	構成比		
3	61	1		1	6	14.3%	=E3/E$8	
4	61	5		2	9	21.4%		
5	62	2		3	11	26.2%		
6	63	1		4	8	19.0%		
7	66	5		5	8	19.0%		
8	66	2		Total	42	100.0%		
9	67	2						

まず42名の採用者について３年後の評価がどのような分布なのかを見てみましょう。COUNTIF関数を使うと簡単に算出することができます（**図表3-4**）。

仮に平均的な「３」を中心に、左右対称のベルカーブ（正規分布）を描くのであれば、最低評価の「１」および最高評価の「５」の人数は少ないはずですが、今回のデータを見ると、最高評価「５」のハイパフォーマーが全体の２割弱を占める一方で、最低評価「１」のローパフォーマーも14％も存在しています。

特に後者に関して、経営陣から「採用テストの段階で見極めることができなかったのか？」という問題提起がなされたようです。この表だけを見ると、テストの結果と３年後の評価の間には関連性が薄いという印象を受けますが実際はどうなのでしょうか。確認をするためにエクセルを用いて散布図を使って可視化してみましょう。

実践１

回帰分析のための散布図をエクセルで作成する

「採用テストの点数」「３年後の評価」のそれぞれの列を囲って、「挿入」から「散布図」のグラフを選択すると、自動的に図表3-5のような図が表れます。横軸に「採用テストの点数」、縦軸に「３年後の評価」、それぞれプロットされた点が、42名１人ひとりのデータとなります。

このままでもいいのですが、空白部分も多いので、ちょっと見やすく加工してみましょう。もともと採用テストにおいて60点未満は不合格、３年後の評価も１から５の５段階評価なので、採用テストについては60点以上のみを表示し、３年後の評価も１点から５点のスケールでチャートを加工します。この作業をするためには、X軸（横）とY軸（縦）の境界値を修正しま

図表3-5　「採用テストの点数」と「3年後の評価」をプロットした散布図のグラフ

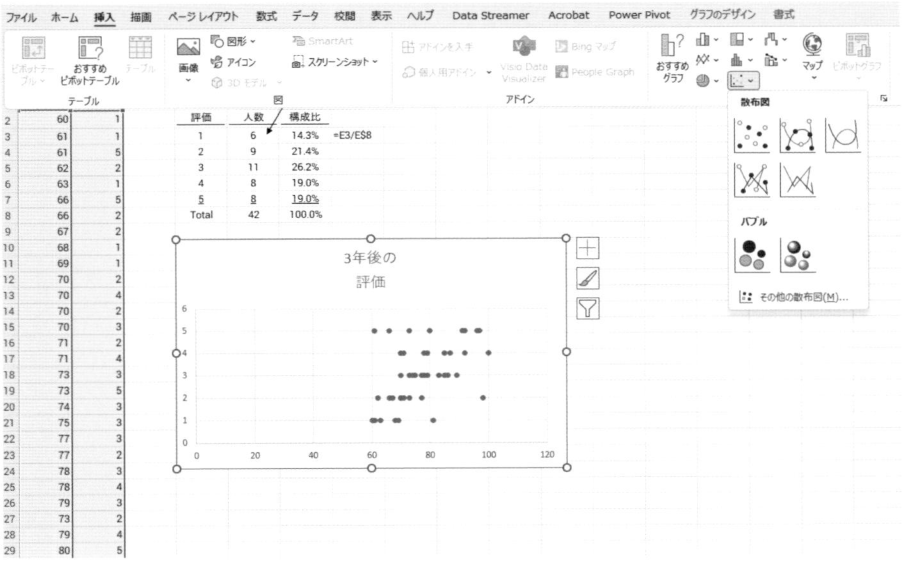

す。軸にカーソルを当て右クリックして「軸の書式設定」を選択し、境界値に最大値・最小値を入力します（図表3-6）。

追加の作業として、タイトルを消し、X軸・Y軸が何を表しているかの説明を挿入し、目盛りについても「単位」の設定を修正、整理することで見やすくしています。

図表3-6　境界値を修正し、X軸とY軸の説明を加える

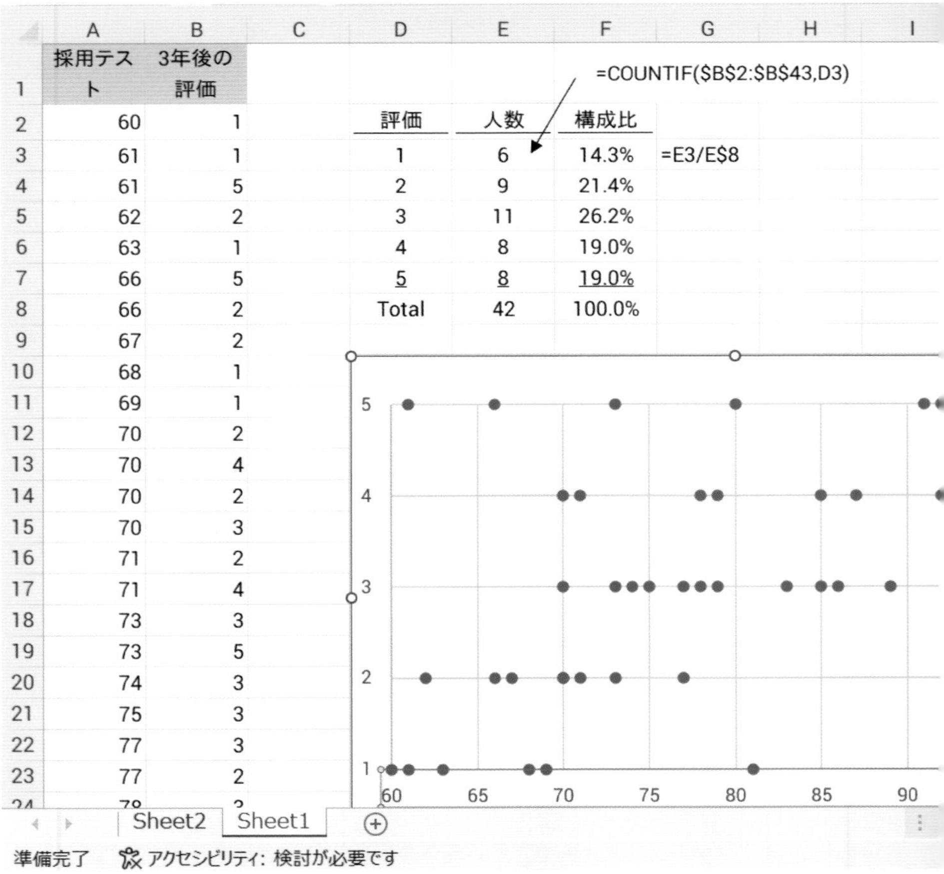

	A	B	C	D	E	F	G
1	採用テスト	3年後の評価					
2	60	1		評価	人数	構成比	
3	61	1		1	6	14.3%	=E3/E$8
4	61	5		2	9	21.4%	
5	62	2		3	11	26.2%	
6	63	1		4	8	19.0%	
7	66	5		5	8	19.0%	
8	66	2		Total	42	100.0%	
9	67	2					
10	68	1					
11	69	1					
12	70	2					
13	70	4					
14	70	2					
15	70	3					
16	71	2					
17	71	4					
18	73	3					
19	73	5					
20	74	3					
21	75	3					
22	77	3					
23	77	2					

さてちょっと手間を加えたことで、**図表3-7**のようなグラフになりました。どうですか？　すっきりしましたね。

ここからが本番です。この２つのデータの関係性を視覚的に見てみましょう。「採用テストの点数」と「３年後の評価」に相関関係があるかどうかを

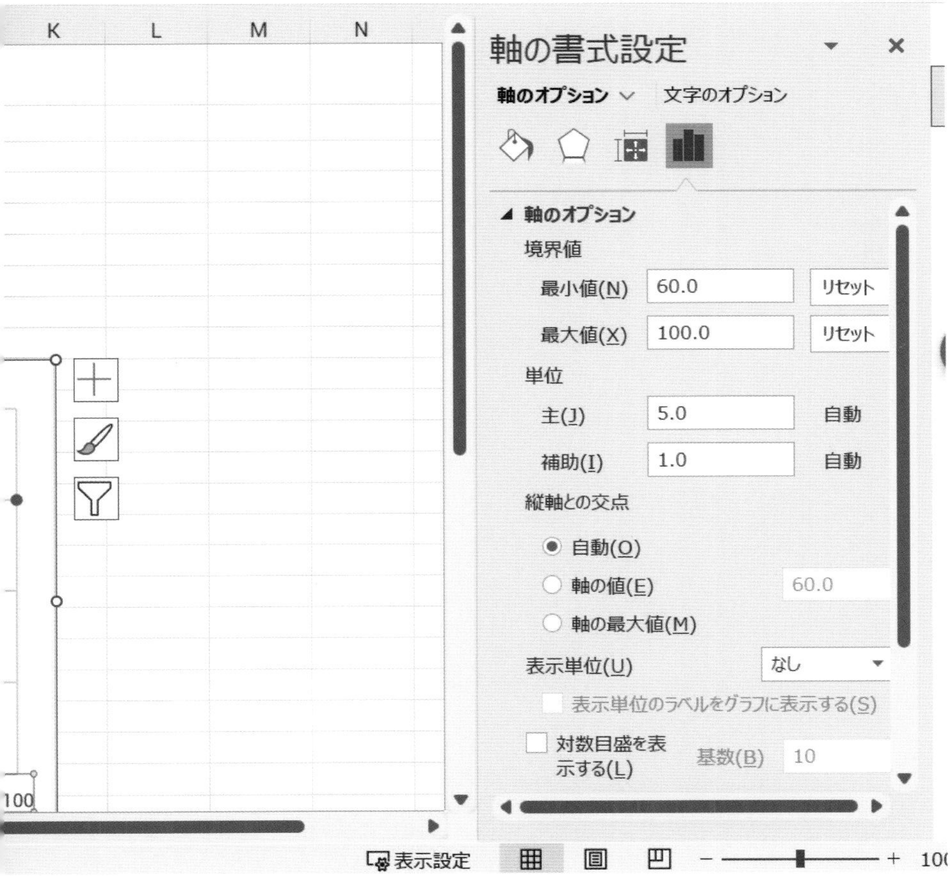

図表3-7　図表3-5の加工後の散布図

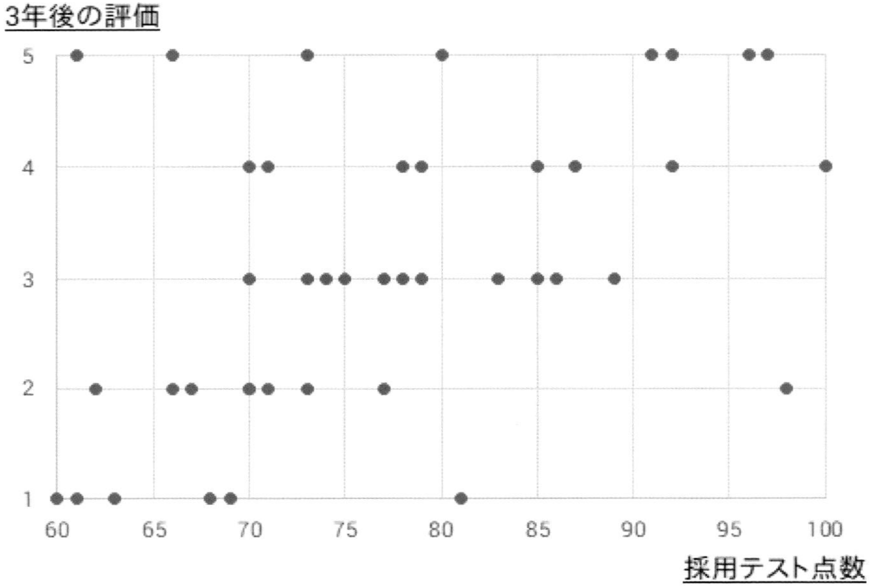

可視化するため、「近似曲線の書式設定」を選択し、２つの指標の相関関係を見ていきます。

グラフ上の点上にカーソルを当て、そこで右クリックすると「近似曲線の追加」が表示されるので選択します。表示された「近似曲線の書式設定」「近似曲線のオプション」の中から、「線形近似」を選択します。

このとき、「グラフに数式を表示する」「グラフにR-2乗値を表示する」にチェックを入れると、斜めの点線の右上に数式が表示されます（**図表3-8**）。

図表3-8に点線で表示されているのが近似曲線で、エクセルによる回帰分析の結果を示しています。

近似曲線の右上にある数式は、回帰分析の結果得られた「３年後の評価

（Y軸）」と「採用テストの点数（X軸）」の関係を一次方程式で表したものです。エクセルではこのように２つの変数を含むデータを入力するだけで、自動的に回帰分析を行って数式の形で示してくれます。

この数式の意味は、「Xの値が１上昇すると、Yの値が0.0576上昇する」ということなので、今回の分析事例に照らし合わせて言い換えるならば「採用テストの点数が１点上がるごとに、３年後のパフォーマンスは0.0576上がっている」ということを表します。おおむね「採用テストの点数が10点上がると、３年後の評価が0.5くらい上がる」というイメージです。

この数式で**「R^2」とあるのが「決定係数」**と呼ばれるもので、簡単に言えば**「今回導き出した数式で、この事象を何%ほど説明できるか」を表したもの**だとお考えいただければと思います（統計学的な説明が欲しい人は、Wikipedia先生に尋ねてみてください）。この決定係数は０から１の間の値をとり、大きくなるほど「説明できる度合いが大きい」ということを表します。もし**「$R^2=1$」なら、「数式で完全にこの事象を説明することができる」**と言え、反対に**「$R^2=0$」なら、「今回の事象について、まったくこの数式では説明することができない」**ということになります。個人的には決定係数が0.65（もう少し詳細を説明すると、決定係数は相関係数の２乗ということもあり、８割の相関性があるのであれば決定係数は約0.65になる）以上であれば、２つの因子の関係は相関性が強いと判断をしています。

ところで今回の決定係数R^2は0.225と私の個人的な基準に比べてもかなり小さいので、「数式は書けたものの、今回の事象を説明できるかというと難しい」ということになりそうです。

だからと言って、ここで「採用テストは将来のパフォーマンスを予測できません」と結論づけてしまうのはちょっと時期尚早にも思えます。もう少しこのグラフをじっと見つめてみましょう。何か見えてこないでしょうか？

図表3-8　散布図に「近似曲線の追加」を行う

=COUNTIF($B$2:$B$43,D3)

評価	人数	構成比
1	6	14.3%
2	9	21.4%
3	11	26.2%
4	8	19.0%
5	8	19.0%
Total	42	100.0%

=E3/E$8

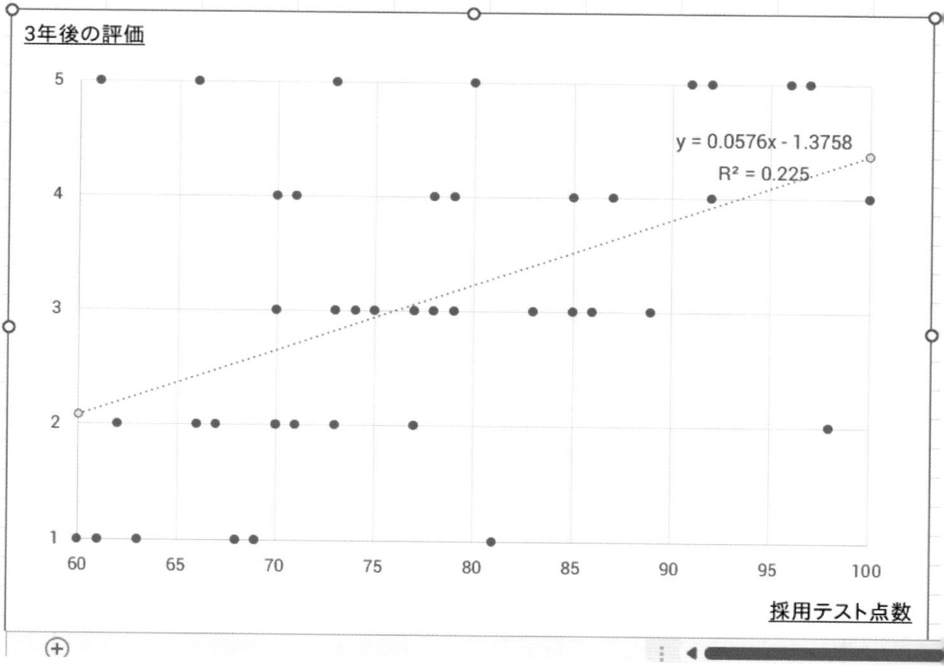

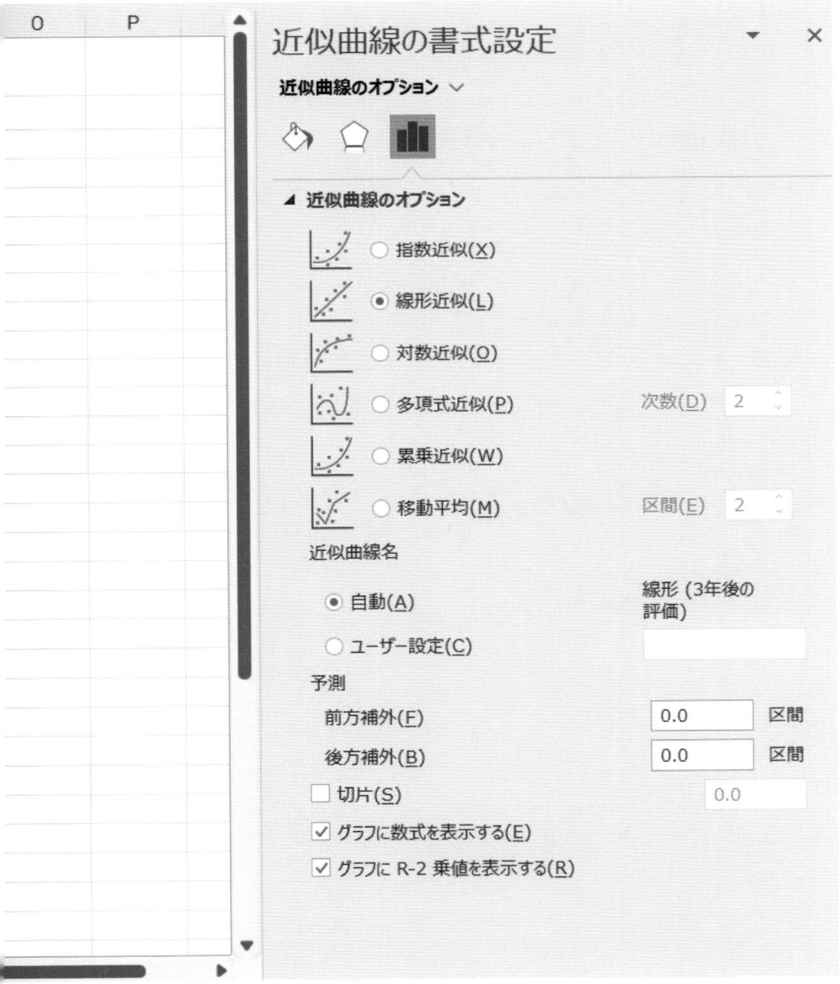
O
P
近似曲線の書式設定
近似曲線のオプション
近似曲線のオプション
指数近似(X)
線形近似(L)
対数近似(O)
多項式近似(P)
次数(D) 2
累乗近似(W)
移動平均(M)
区間(E) 2
近似曲線名
自動(A)
線形 (3年後の評価)
ユーザー設定(C)
予測
前方補外(F)
0.0
区間
後方補外(B)
0.0
区間
切片(S)
0.0
グラフに数式を表示する(E)
グラフに R-2 乗値を表示する(R)

このグラフの上に、かたまりを表す囲いを、色を変えた上で加えてみましょう（**図表3–9**）。

このように楕円の囲いを被せると、大体の点は実線で囲った中にあることが見て取れます。もちろん、いくつかイレギュラーな点もあって、特に顕著なのが左上の点線で囲った部分の「ハイパフォーマーでありながら、採用テストの得点が低かった人たち」です。また右横の点線で囲った「採用テストで満点近い点数をとっているのに、パフォーマンスがそれほどでもない人たち」も気になります。

このように大きくかたまりに分けて考えると、採用テストの点数が高い人は、総じて業務のパフォーマンスも高くなるという傾向が見て取れます。言い換えると、「採用テストは、ごく大きなくくりで考えると、将来のパフォー

図表3-9　散布図上にかたまりを見出す

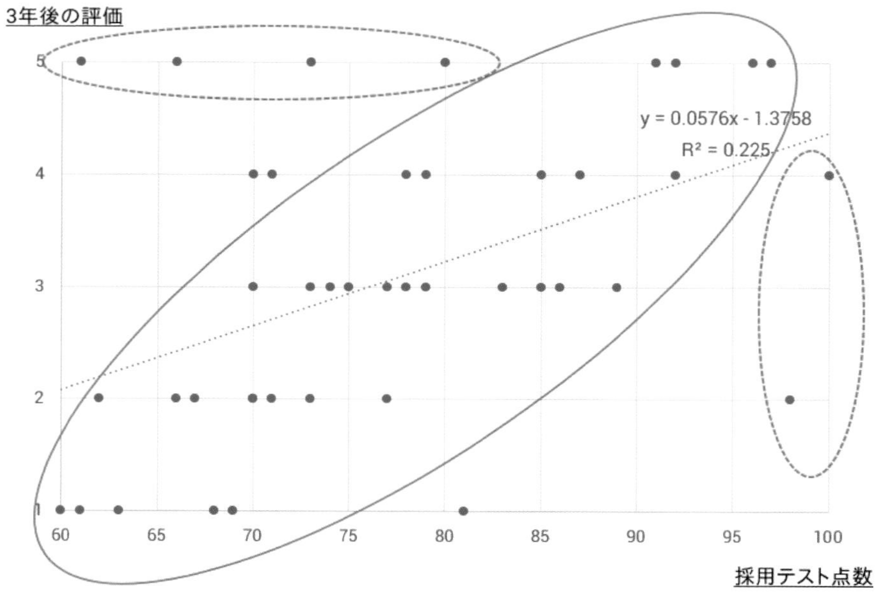

マンスと連動している」ということが言えそうです。

次に、特例の２つについて考えてみましょう。

まず「採用テストで満点近い点数をとっているのに、パフォーマンスがそれほどでもない人たち」について見ると、うち１人は評価４なので、まずまずのパフォーマンスの高さです。もう１人は評価２と大きく期待から外れています。これについては「何か固有の事情があるのかもしれない」という疑問が出てきます。このデータは人事部所轄のものですから、この１人が誰であるのかは特定できるので、何かしらの特殊事情があったかどうかは確認が可能です。もしかすると、上司との相性が悪く、本来は優秀なのに力が発揮できない状況に置かれているとか、チーム事情により自分の得意分野ではない領域を担当したとか、１つの失敗で大きく評価を下げてしまったといったことがあるのかもしれません。もしこうした特殊事情があって、例外としてとらえることがふさわしいのであれば、今回の分析データからは排除することも合理的な判断と言えそうです。

もう一つの特例である「ハイパフォーマーでありながら、採用テストの得点が低かった人たち」はどうでしょう。なんとなくのイメージですが、お勉強は苦手だけど、人を引きつける魅力があって、強いリーダーシップをもっているような人たち。この人たちに関しては、「テストの結果は関係がない」と思わざるを得ません。実際この会社において、「お勉強ができる人」が必ずしも「優秀」なわけではないとすればなおさらです。

もう一点注意をすると見えてくるものがあります（**図表3-10**）。評価１のグループです。パフォーマンスの評価が１だった人のうち、採用テストの点数が70点以上だった人は１人しかいません。仮にこの会社における評価１というのは致命的にパフォーマンスが低いことを表し、また評価２はそれなりに戦力として認められるのであれば、テストの点数が70点以上の場合は

図表3-10　1人しかいない箇所に注目してみる

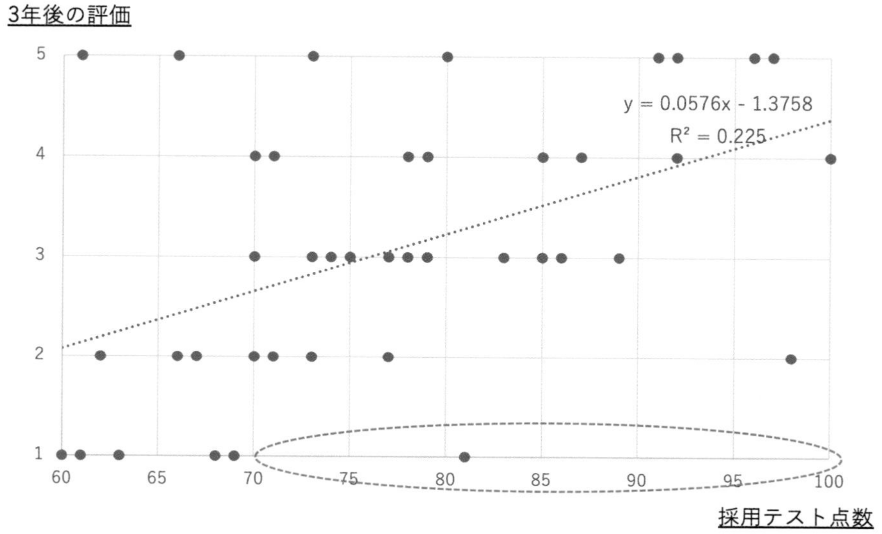

致命的な評価になる可能性が低いということも言えそうです。

こうしたことを考えると、「採用テスト60点未満は不合格」という一次審査のやり方が、本当に妥当かどうかは考慮の余地がありそうです。

ここまでのまとめ

採用テストはパフォーマンスと相関あるが、検討ポイントもある

以上から、最初の経営陣の問いに対し、どのような答えが考えられるでしょうか。

私であれば、３つのポイントを指摘します。

①**おおむね採用テストによって将来のパフォーマンスを予見することができる**
いくつかのポイントを考慮すれば、採用テストの点数と将来のパフォーマンスには一定の相関性が認められるというのがその根拠です。
②**採用テストの点数が低くとも、ハイパフォーマーとなる人が一定数おり、この層は採用テストでは見抜くことができず、別の評価手法が求められるのではないか**
現在は60点を基準としていますが、もしかしたらそれよりも低い点数であってもパフォーマンスを上げることのできる人がいる可能性も否定できません。こうした人を採用できていないのであれば、会社としては「もったいない」状態であると言えるでしょう。
③**「60点の合格ラインを70点まで高めたほうがいいのではないか」という問題提起**
②で述べたこととは逆行しますが、パフォーマンス評価１の人は、採用テストの合格ラインを70点に引き上げると激減させることができます。

もうちょっと分析を続けてみる

面接評価のデータと合わせて検証してみる

このように、採用テストと３年後のパフォーマンスの相関性を調べてみると、一部の例を除けば一定の相関性が認められるため、採用テストが無意味ではないことはわかりました。

仮にこの会社で求められるパフォーマンス評価は最低でも２は欲しいということであれば、採用テストで70点をとった人はほぼその基準を満たすことができるということは意味ある発見だと思います。ただし、採用テストの点数が60点～70点の範囲内に収まる人たちのパフォーマンスはかなりばらついている、ということも明らかになりました。どうやら60点～70点の人の傾向値を見ると、採用テスト以外にパフォーマンスを予見する要素があれば、この点数の人の中でもよりハイパフォーマーに絞った採用ができるかもしれません。

そこで今回は追加の分析として、面接における評価を用いて更なる分析を行ってみたいと思います。本章の冒頭でも申し上げた通り、この会社の採用試験は、一次試験としてのオンライン採用テスト（これまで分析をしてきた採用テストです）によって一定数に絞り込み、その後二次試験としての面接によって最終内定者が決まるというプロセスでした。もし二次試験である面接の評価情報から意味のある示唆を見つけることができれば、会社にとって本当に意味のあるイシュー「ハイパフォーマーを採用するには、どのような手段と視点をもって、応募者を評価したらよいか」に対して有意義な回答をもたらすことができるかもしれません。

ということで、入社した人間の面接評価のデータを追加的に入手することができました。内容は**図表3-11**の通りです。

面接においては、「論理思考」「コミュニケーション力」「リーダーシップ」の３項目について、５段階評価を行っています。どうやら結果を見ると、この会社ではそれら３項目の評価合計が10点以上の人間が採用されるということがわかります。ただし、その内容についてはばらつきがありそうな印象です。

そこで、新たに「面接における３つの評価指標と、将来のパフォーマンス評価に何かしらの関係がないか」を調べてみたいと思います。思惑としては、もし３つの評価のうち、どれか１つでも将来のパフォーマンスに大きな影響を与える因子があるとすれば、採用テストと合わせてハイパフォーマー候補

図表3-11　採用テストの点数と面接評価のデータ

	A	B	C	D	E	F
1			面接での評価項目（5段階評価）			
2	3年後の評価	採用テスト	論理思考	ｺﾐｭﾆｹｰｼｮﾝ力	ﾘｰﾀﾞｰｼｯﾌﾟ	合計
3	1	60	3	4	3	10
4	1	61	4	3	3	10
5	5	61	3	3	5	11
6	2	62	5	3	3	11
7	1	63	3	4	3	10
8	5	66	3	3	5	11
9	2	66	4	3	3	10
10	2	67	3	4	3	10
11	1	68	3	4	3	10
12	1	69	4	3	3	10
13	2	70	3	4	3	10
14	4	70	3	3	5	11
15	2	70	3	4	3	10
16	3	70	3	4	3	10
17	2	71	4	3	3	10
18	4	71	3	3	5	11
19	3	73	3	5	4	12
20	5	73	4	4	4	12
21	3	74	3	4	3	10
22	3	75	4	4	4	12
23	3	77	3	5	4	12
24	2	77	3	4	3	10
25	3	78	5	3	4	12
26	4	78	4	4	4	12
27	3	79	3	5	4	12
28	2	73	3	4	3	10
29	4	79	5	3	4	12
30	5	80	5	4	4	13
31	1	81	5	4	3	12
32	3	83	3	4	3	10
33	4	85	4	4	4	12
34	3	85	3	5	4	12
35	3	86	5	3	4	12
36	4	87	5	4	4	13
37	3	89	5	4	3	12
38	5	91	5	5	4	14
39	5	92	5	4	4	13
40	4	92	4	4	4	12
41	5	96	5	4	4	13
42	5	97	4	5	5	14
43	2	98	5	5	3	13
44	4	100	5	5	3	13

（注：便宜上、横に並べていますが、実際は、元データは縦に連続して並んでいます）

を見抜く示唆が得られるのではないか、という仮説です。

面接試験の評価と３年後の評価の相関性を分析し、採用時に将来のローパフォーマーとハイパフォーマーを見分ける方法を発見する。それが本章後半での新たなイシューとなります。

フレームワーク2

重回帰分析による相関性の検証

今回も回帰分析を用いて分析を行っていきましょう。ただし「３年後のパフォーマンス」がアウトプット（従属変数）であることは同様ですが、そこに影響を与えるインプット（独立変数）として用いる指標が「論理思考」「コミュニケーション力」「リーダーシップ」と複数ある点が、先ほどの採用テストの効果性分析とは異なっています。このように複数のインプット（独立変数）がアウトプット（従属変数）にどのように影響を与えているかを回帰分析する方法を「重回帰分析」と言います（前半で取り扱った、一つのインプット〈採用テストの点数〉が、アウトプットにどのように影響を与えるかを回帰分析する手法は「単回帰分析」と言います）。

Column 重回帰分析とは

重回帰分析とは、複数のインプット（独立変数）とアウトプット（従属変数）との関係性を定量的に表した分析手法です。

例えば「体重と身長の関係性を分析する」のように、体重というアウトプット（従属変数）に対して身長という１つのインプット（独立変数）を想定して、この二者間の関係性を数値で表現するのが単回帰分析ですが、重回帰分析は、身長だけでなく、例えば腹囲と胸囲といった別のインプット（独立変数）も加えて、体重というアウトプット（従属変数）との関係性を定量化します。

単回帰分析は、前半の分析で行ったように、２つの指標を散布図でグラフ化し、そこに近似直線を書くことで視覚的にも相関性を確認できます。重回帰分析は複数のアウトプットが生じるのでグラフ化するのは困難です。しかしながら、エクセルの重回帰分析の機能を使えば、数値でこのインプットとアウトプットの関係性をズバッと表現してくれます。

重回帰分析の典型的な関係式は、$Y = b_1X_1 + b_2X_2 + b_3X_3 + \cdots\cdots + b_0$ で表されます。

X_1、X_2……がインプット（独立変数）で、Ｙがそれらの値に応じて変動するアウトプット（従属変数）となります。

実はエクセルには散布図から単回帰分析をする機能だけでなく、面接における３つの評価指標のような複数のインプットとアウトプットの関係性を定量的に分析する重回帰分析の機能も備わっています。重回帰分析をするためには、エクセルのアドイン機能で「分析ツール」をアクティブにする必要があります（**図表3-12**）。

エクセルのツールバーの「データ」をクリックしたときに「分析」が現れない場合は、「ファイル」→「オプション」→「アドイン」を選択し、一番

図表3-12　アドイン機能で「分析ツール」をアクティブにする

下にある「Excel アドイン」の設定を行うとアドインの一覧が出てきますので、「分析ツール」にチェックを入れることで使えるようになります（エクセルのバージョンによっては、このアドインの設定のやり方が異なる場合がありますが、Web で確認してみてください）。

実践2

エクセルで複数のデータから重回帰分析を行う

それではエクセルによる重回帰分析を実際に行ってみましょう。

分析ツールをアドインしたら、「データ分析」の「分析ツール」リストの中から「回帰分析」を選んで（**図表3-13**）、ポップアップ画面でパラメーターの設定を行います（**図表3-14**）。

図表3-13 「分析ツール」リストの中から「回帰分析」を選ぶ

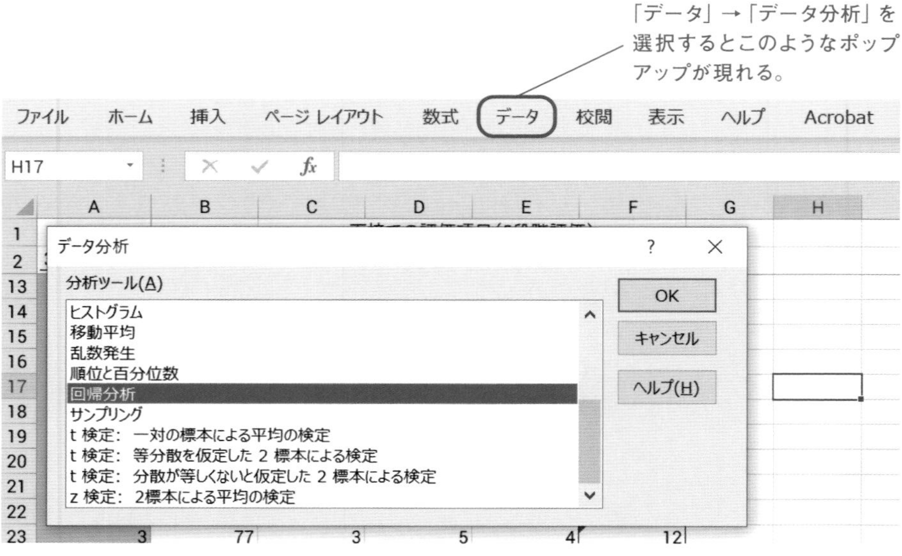

図表3-14 パラメーターを設定する

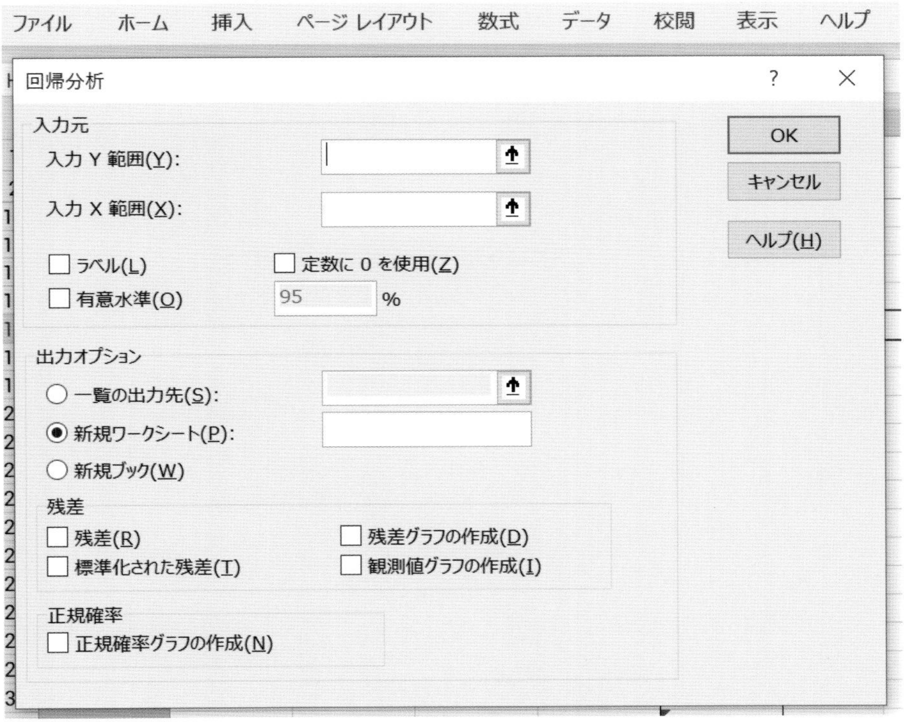

ここでアウトプット（従属変数）に相当するのが、ポップアップの「入力元」の「入力Y範囲」です。ここには、図表3-11のA列「3年後の評価」の2行目～44行目までのセルを範囲選択します。

一方、そこに影響を与える独立変数（パラメーター）が「入力X範囲」です。今回は図表3-11のC列「論理思考」、D列「コミュニケーション力」、E列「リーダーシップ」という3つの変数がこれに相当するので、それぞれの列の2行目～44行目までのセルを範囲選択します。

「入力Y範囲」「入力X範囲」双方が範囲選択された状態が**図表3-15**です。

図表3-15　「入力Y範囲」「入力X範囲」の範囲選択をする

	A	B	C	D	E	F
1			面接での評価項目（5段階評価）			
2	3年後の評価	採用テスト	論理思考	コミュニケーション力	リーダーシップ	合計
24	2	77	3	4	3	10
25	3	78	5	3	4	12
26	4	78	4	4	4	12
27	3	79	3	5	4	12
28	2	73	3	4	3	10
29	4	79	5	3	4	12
30	5	80	5	4	4	13
31	1	81	5	4	3	12
32	3	83	3	4	3	10
33	4	85	4	4	4	12
34	3	85	3	5	4	12
35	3	86	5	3	4	12
36	4	87	5	4	4	13
37	3	89	5	4	3	12
38	5	91	5	5	4	14
39	5	92	5	4	4	13
40	4	92	4	4	4	12
41	5	96	5	4	4	13
42	5	97	4	5	5	14
43	2	98	5	5	3	13
44	4	100	5	5	3	13
45						

これで回帰分析の準備はできました。あとは「OK」ボタンを押して、結果を見てみましょう（図表3-16）。

このエクセルが表示した表の見方を簡単に説明しておきたいと思います。重要なポイントは「どのような数式で表すことができるか」と「その数式の精度の高さ」の２点です。

まず前者の「どのような数式で表すことができるか」という点について説明します。アウトプット（今回は３年後の評価）に対して、「論理思考」「コミュニケーション力」「リーダーシップ」の３要素がどのように関連しているのかを数値で表しています。見るべきポイントは「係数」です。この係数に各インプットの数値を掛け合わせ、切片の係数（今回は－5.4786）を加えると３年後の評価を推計することができる、ということを意味します。すなわち、

図表3-16　重回帰分析の結果

	A	B	C	D	E	F	G	H	I
1	概要								
2									
3	回帰統計								
4	重相関 R	0.834668							
5	重決定 R2	0.696671							
6	補正 R2	0.672724							
7	標準誤差	0.762233							
8	観測数	42							
9									
10	分散分析表								
11		自由度	変動	分散	測された分散	有意 F			
12	回帰	3	50.70772	16.90257	29.09222	6.06E-10			
13	残差	38	22.07799	0.581					
14	合計	41	72.78571						
15									
16		係数	標準誤差	t	P-値	下限 95%	上限 95%	下限 95.0%	上限 95.0%
17	切片	-5.47864	1.121536	-4.88495	1.9E-05	-7.74907	-3.20821	-7.74907	-3.20821
18	論理思考	0.42429	0.136871	3.099922	0.003636	0.147209	0.701371	0.147209	0.701371
19	ｺﾐｭﾆｹｰｼｮﾝ	0.362342	0.172901	2.095657	0.042828	0.012321	0.712362	0.012321	0.712362
20	ﾘｰﾀﾞｰｼｯﾌﾟ	1.509438	0.17245	8.752918	1.21E-10	1.160332	1.858544	1.160332	1.858544
21									
22									
23									
24									

3年後の評価＝論理思考×0.4243＋コミュニケーション力×0.3623＋
リーダーシップ×1.5094－5.4786

と推計できるというのがこの「係数」および「切片」の使い方になります。

仮に、面接で「論理思考」「コミュニケーション力」「リーダーシップ」すべての項目において評価が「４」だった人がいたとしたら、この人の３年後の評価は3.705点（＝4 ×0.4243＋4×0.3623＋4×1.5094－5.4786）と「推測」することができます。

そして後者の「数式の精度」というポイント。実は回帰分析をかけると、どんなものであったとしても数式に表すことは可能です。ただしそれが意味のある数式かどうかは別問題です。精度の高い数式であってはじめて意味を成すわけなので、その精度の確認も同時に行う必要があります。

この「精度」を表すのが R^2 で表現されている「決定係数」と、各要素の「P-値」の２つです。

●決定係数

決定係数に関しては前半の単回帰分析でも出てきたものです。その数式で事象をどの程度説明できるか、を表すもので１に近ければ近いほど精度が高いことを意味します。今回は重決定 R^2 と補正 R^2 の２つが出てきました。簡単に説明すると、インプット項目を増やせば増やすほど決定係数は1に近づくのですが、そうした「本質的ではない影響要素」を除いたものが補正 R^2（統計学の世界では「自由度調整済み決定係数」と呼びます）であり、こちらのほうを精度チェックの数値として考慮します。

今回の重回帰分析においては、補正 R^2 が0.6727となっています。前半でも説明しましたが、私は決定係数0.65を一つの基準としているので、それを超えた補正 R^2 ということで、この重回帰分析で表した数式の「精度」はまずまずと言えるでしょう。

● P-値

もう一つの「精度」を表す指標がP-値ですが、回帰分析の結果を示したテーブルでは図表3-16のセルE17からE20に記載されています。これは簡単に説明すると「仮にその変数（ここで言うところの「論理思考」や「コミュニケーション力」「リーダーシップ」）がなかったとして、回帰分析で算出したアウトプットが生まれる可能性」を表しています。つまりP-値が大きく１に近ければ、その変数がなくても同様のアウトプットが生まれる可能性は十分あることを意味し、その変数はあってもなくても回帰分析の結果としてのアウトプットには関係を与えないということを意味します（かなり雑な説明になっていますので、詳しく知りたい人は統計学の書籍などを参考にしてください）。今回は３つの変数における P- 値が非常に低く、0.05以下（すなわちこの変数がなくても同様のアウトプットになる可能性は５％以下＝これら変数はこのアウトプットを生み出す上で重要な影響力をもつことを意味する）なので、回帰分析の精度としても非常に高いことを意味します。ちなみに「リーダーシップ」の P- 値が1.21E-10と表記されていますが、これは1.21に10のマイナス10乗（つまり0.0000000001）を乗じた（掛けた）数値を意味しますので、極めてゼロに近い、小さな数値であることがわかります。

つまりここからわかるのは、「面接の結果で、３年後のパフォーマンスをかなりの精度で予測することができる」ということです。すなわち採用テストも将来のハイパフォーマーを選定するのに意義はあると前半で結論づけましたが、面接での評価点もハイパフォーマーを選定する手段として有効と言えるのではないでしょうか（まあ、言ってみれば当たり前……というか、これで決定係数が低いのであれば、「何のための面接か」という重要な問題提起になりえますが）。

さて、この重回帰分析ですが、３つのインプットの影響度には差があることがわかります。つまり、「論理思考」「コミュニケーション力」よりも「リーダーシップ」の係数が大きい、すなわち「リーダーシップが強ければ、３年後のパフォーマンス評価が高い」可能性があるということです。現在はこの会社は３つのインプットを同等の重みづけで評価をしていますが、どうやらこの会社においてリーダーシップの強い人間が高い評価を得る可能性があることが明確になりました。

一次の採用テスト（ペーパーテスト）で得点が60点から70点までの間にあった受験者は、人により３年後の評価に大きなばらつきがありました。しかし今回の重回帰分析により、採用テストの成績にかかわらず、面接試験におけるリーダーシップの得点が高かった受験者は、３年後にハイパフォーマーになる可能性が高いことが判明しました。

逆に採用テストの得点が60点から70点の間にあり、かつ面接でのリーダーシップの得点が低かった受験者については、合格ラインはクリアできたとしても、将来的にローパフォーマーに終わる可能性が高いことが判明しました。

これは採用テストと面接試験という２つの試験の結果を使った複合技ということになります。こんな形で回帰分析を使うこともできる、という一例です。皆さんの実際のビジネスにおける参考になりましたでしょうか？

全体のまとめ

採用テスト70点以下の人は
面接でのリーダーシップ評価に注目

今回の一連の分析をまとめてみましょう。当初の経営陣からの問題提起は「採用テストが本当に正しく適任者を絞り込んでいるのか」というものでした。これに対して、前半では、一次試験の採用テストの有効性を分析し、後半では、面接評価の有効性について分析をしました。

今回のケースに関して、２回の分析の結果を総合して、「採用テストが本当に正しく適任者を絞り込んでいるのか」という経営チームからの問題提起への回答を考えてみましょう。

まず一つ言えることは、「一次試験である採用テストは、『おおむね』将来のハイパフォーマーを選定する意義はある」ということ。ファクトとしては、一部例外を除けば、将来のパフォーマンス評価と、テストの点数には一定の相関関係があるということがわかりました。ここで「おおむね」と書いたのは、合格ラインを70点以上にすれば、ローパフォーマーを採用するリスクが低減できる可能性が高いと思われること。

そして、テスト結果が60点〜70点の人はパフォーマンスに大きなばらつきがあり、別の採用ツール、選抜方法などで補填する必要があるということが追記として必要になるからです。

そしてもう一つ言えることは、「面接におけるリーダーシップに関する評価が高い人は、将来的に高いパフォーマンスを発揮する」ということ。ファクトとしては、将来のパフォーマンス評価と、面接での評価３項目との間には高い決定係数を示す回帰分析結果が出ており、とくにリーダーシップの得点がパフォーマンスに大きく影響しているということがわかりました。

これらを統合すると、次のような提案が考えられます。

- 採用テストの点数で一定数に絞り込み、その後面接で評価するという現在のスタイルは継続
- 70点以下は一定量のローパフォーマーが生まれる可能性があるので、原則合格ラインは70点に引き上げる
- ただし60点〜70点の人間もリーダーシップが強い人間であれば当社において高いパフォーマンスを発揮することが明らかとなった。60点以上は原則面接に進ませて、リーダーシップについての評価を徹底的に行い、強いリーダーシップがある人間であれば採用する

もし採用担当のキャパシティに余裕があるなら、将来のハイパフォーマーを見逃す可能性をさらに下げるために、採用テストで60点未満だった受験者の一部（例えば50点以上の者）も面接試験に進めるものとして、面接でリーダーシップの評価が高得点の場合、採用してみるという選択肢も考えられるでしょう。

Chapter 4

DCF法を用いたプロジェクトの投資判断

レモンスキンケアの新規導入

A社は創業10年の新興化粧品メーカーである。主力商品である「オレンジスキンケア」がヒットし、昨年度の売上高は50億円にまで到達し、取引先とのネットワークも拡大してきた。

好調な業績を追い風にして創業社長の松下氏はビジネスをさらに大きくしたいと考えており、新商品の「レモンスキンケア」を市場に導入したいと考えている。取引先および一般消費者にこの新商品のコンセプトについてリサーチをしたところ、非常に評判が良く、将来的にはオレンジスキンケアに次ぐレベルの売上規模にまで到達できそうなことがわかった。

図表4-1　販売予想の数字と運転資金の情報

単位：百万円	Yr.1	Yr.2	Yr.3	Yr.4	Yr.5	Yr.6	Yr.7
売上高	500	1,250	1,875	2,250	2,250	2,250	2,250
売上高成長率		250%	150%	120%	100%	100%	100%
売上原価	150	375	563	675	675	675	675
売上総利益	350	875	1,313	1,575	1,575	1,575	1,575
販売管理費	500	1,000	938	1,125	1,125	1,125	1,125
減価償却費	100	100	100	100	100		
営業利益	(250)	(225)	275	350	350	450	450

税率	40%	
投資額	500	
割引率	8%	当社の資本コスト（株主債権者から資金を調達する際にかかるコスト）を割引率と設定する

販売管理費は、1年目、2年目は、マーケティングに積極的に投資するが、3年目以降は売上高の50%と仮定している（過去の経験則）。

7年後にプロジェクトは終了すると仮定する。

売掛金回転日数	45　日
買掛金回転日数	45　日
棚卸資産回転日数	60　日

「レモンスキンケア」を市場に導入するために、正式なプロジェクトを立ち上げるべきかどうか、まずはマーケティング部が中心になって事業計画を作成した。これによると独自の製造工程のために5億円の機械設備への投資が必要となるが、それ以外は既存の資産をそのまま使えるらしい。販売予想の数字も、不確定要素はあるものの、いわゆる「妥当」なレベルと考えている。経理部からもらった運転資金（運転資本とも言う）の情報も手元に集まったので、DCF（Discounted Cash Flow）法に基づいて、このプロジェクトを行うべきかどうかを判断したい（図表4-1は https://str.toyokeizai.net/books/9784492558058/ よりダウンロードが可能です。パスワードは「mbaexcel」）。

イシューの特定

新商品が初期投資に見合うリターンを得られるのか

今回のケースで論じるべきポイント（イシュー）は、新商品である「レモンスキンケア」の市場導入に向けたプロジェクトの立ち上げをするべきかどうかであり、特に経済合理性の観点から「5億円の初期投資に見合うリターンが得られるのか」という投資対効果についての分析結果が大切になります。

新商品を導入するか、新しい機械設備を購入するか、他社のある事業を買収するか……経営企画やファイナンス部門のみならず経営メンバーならば、投資の是非について、意思決定をする機会があると思います。そうした投資判断の際に用いられるフレームワークが**DCF法**です。

将来にわたって期待されるキャッシュフローを、不確実性やリスクの観点を踏まえて定量的に測定し、**NPV（Net Present Value：正味現在価値）**や**IRR（Internal Rate of Return：内部収益率）**という指標を用いて、図表4-2

図表4-2　DCF法を用いた投資分析のアウトプットイメージ

	A B C	D	E	F	G	H	I	J	K	L	M
1											
2	単位:百万円			Yr.0	Yr.1	Yr.2	Yr.3	Yr.4	Yr.5	Yr.6	Yr.7
3	売上高				500	1,250	1,875	2,250	2,250	2,250	2,250
4	売上高成長率					250%	150%	120%	100%	100%	100%
5	売上原価	売上高比	30.0%		150	375	563	675	675	675	675
6	売上総利益				350	875	1,313	1,575	1,575	1,575	1,575
7	販売管理費	売上高比	50.0%		500	1,000	938	1,125	1,125	1,125	1,125
8	減価償却費				100	100	100	100	100		
9	営業利益				(250)	(225)	275	350	350	450	450
10	税金	税率	40.0%		(100)	(90)	110	140	140	180	180
11	税引き後営業利益				(150)	(135)	165	210	210	270	270
12											
13	運転資金増減			(75)	7	(102)	(85)	(51)	0	0	0
14	減価償却足し戻し				100	100	100	100	100	0	0
15	固定資産投資			(500)							
16	残存価値（清算法）										305
17	FCF＋残存価値			(575)	(43)	(137)	180	259	310	270	575
18	割引率		8.0%								
19	**NPV**		**318**								
20	**IRR**		**16.2%**								
21											
22	memo：運転資金残高										
23	売掛金	回転日数	45		62	154	231	277	277	277	277
24	買掛金	回転日数	45		18	46	69	83	83	83	83
25	棚卸資産	回転日数	60	75	25	62	92	111	111	111	111
26	運転資金残高			75	68	170	254	305	305	305	305

のようなアウトプットをつくった上で結論を出します。この章では、そもそもDCF法とは何か、アウトプットのようなエクセルシートをどのように作成するのか、最終的にどのように結論を出したらいいのか、について解説していきます。

フレームワーク

DCF法による投資判断

あるプロジェクトに投資を行うべきか、M&Aで会社をいくらで買うべきか、こうしたイシューに対するフレームワークとしてDCF（Discounted

Cash Flow）法というものがあります。

DCF 法での「価値」の考え方は、「資産の価値とは、その資産が将来にわたって生み出すキャッシュフローの現在価値の総和である」というものです。

インカムアプローチとも呼ばれますが、**インカム、すなわち入ってくる収入が大きければその資産の価値は大きい、逆にインカムが少なければ資産の価値は小さいという考え方**です。わかりやすい喩えを使うと、皆さんがお住まいのマンションの価値を考える際に、仮に賃貸に出したらどのくらいの収入があるか、という物差しをベースにマンションの価値算定をする方法です。

もちろん、マンションの価値も**コストアプローチ（買ったときの価格から減価償却費を引く）**、**マーケットアプローチ（似たような間取りの部屋の売買価格とほぼ同じと想定する）**というやり方も頻繁に使われるように、資産価値の算定方法は DCF 法だけではありませんが、DCF 法はファイナンス分野において極めて一般的に用いられる価値測定の方法です（DCF 法の説明は多くの書籍や Web サイトにも書かれているので、この本ではごく簡単なコンセプトの説明にとどめます。詳しく知りたい人は、コーポレートファイナンスに関して解説した書籍や Web サイトを参照してください）。

DCF 法とは、「資産の価値とは、その資産が将来にわたって生み出すキャッシュフローの現在価値の総和」としてとらえますが、注意すべきは「どれだけのキャッシュフローを生むのか」と「現在価値に換算する」という２点です。これを概念図に表すと**図表4-3**になります。

図表4-3　現在価値とは

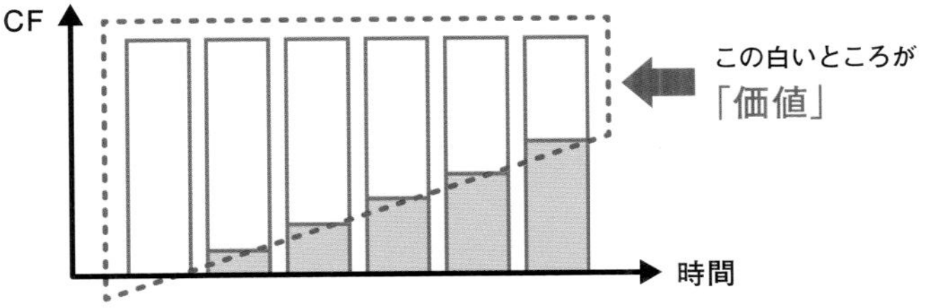

「将来のキャッシュフローは現在の価値に割り引く」概念は、はじめて触れる人には難しいところがあるかもしれません。この根底にあるのは、「将来のキャッシュフローというのは不確実なものであり、現在のキャッシュに比べると不確実な分だけ価値が低い」という考え方です。

ファイナンス理論においては、不確実度合いを定量化した「割引率」によって将来のキャッシュフローを割り引いて「現在の価値に換算したらいくらになるのか」を算出します。

図表4-3を使って解説をすると、右に行けば行くほど将来のことになり、不確実性が増しますので、期待されるキャッシュフローがあっても「割り引いて（緑の部分を差し引いて）」現在の価値に算定します。

利益にもインパクトを表す「額」と、効率性を表す「率」があるように、DCF法にも「額」と「率」の考え方があります。「額」に該当するのがNPVであり、「率」に該当するのがIRRです。

NPVとは将来生み出されるキャッシュフローを、割引率を用いて現在価値に換算して、その資産価値を計算し、それを入手するための投資額と合算することで算出します。つまりNPVがプラスということは、将来得られるキャッシュフローを基に算出した資産価値が初期投資を上回るので投資は合理的という判断になります。すなわち投資額＞資産価値であれば投資に見合わないものとして投資判断は見送り、投資額＜資産価値であれば、投資に見合うものとして判断します。

一方、**IRRとはプロジェクトそのものの収益性**です。会社が設定する**ハードルレート（不確実性を考慮した上で、最低でもこれ以上のリターンを生み出さなければいけないという基準）と比べて、その投資対効果は上回っているかどうか**で投資判断を行います。

このようにして資産の価値を、不確実性を反映させつつ定量的に算定することで、妥当な投資額というのがわかります。

アプローチ

実務における投資判断分析の3つのステップ

さて実際にDCF法を採択して投資分析した場合、実務においてはどのようなプロセスを経て投資判断の是非を行うのでしょうか。具体的な分析の進め方は、大まかに言って次の3ステップとなります。

Step1　ベースシナリオのDCF計算

消費者アンケートや市場調査データ、経理部などから示されたデータを基にエクセルを用いて事業計画を数値に落とし込み、これをベースシナリオとして事業の現在価値の計算を行います。ここで用いるフレームワークが、先ほど述べた「**DCF（Discounted Cash Flow）法**」です。エクセルに装備された関数機能（NPV関数、IRR関数）を利用して、将来のキャッシュフローを現在価値に換算する計算を行います（図表4-2）。

Step2　定性分析によるシナリオの検証

ベースシナリオを多面的な角度で検証し、このシナリオにおける前提条件を再度確認します。本ケースに即して具体的に説明すると、仮に既存商品「オレンジスキンケア」と同じコンセプト、同じ販路、同じターゲット顧客に新商品「レモンスキンケア」を扱うのであれば、想定されるのは既存商品の購入客が新商品に移行するというカニバリゼーション（共食い）の可能性であり、新商品の発売によってこれまで展開してきた既存商品の収益性にマイナスの影響が出ることが予想されます。そうしたベースシナリオに含まれていない項目を「加算」することにより、事業価値に追加でどのようなインパクトがあるかを、エクセルを用いてシミュレーションします。

Step3　感度分析によるシミュレーション

Step1とStep2で行った事業価値算定シナリオを出発点としつつも、各種

図表4-2　DCF法を用いた投資分析のアウトプットイメージ（再掲）

	A B C	D	E	F	G	H	I	J	K	L	M
1											
2	単位：百万円			Yr.0	Yr.1	Yr.2	Yr.3	Yr.4	Yr.5	Yr.6	Yr.7
3	売上高				500	1,250	1,875	2,250	2,250	2,250	2,250
4	売上高成長率					250%	150%	120%	100%	100%	100%
5	売上原価	売上高比	30.0%		150	375	563	675	675	675	675
6	売上総利益				350	875	1,313	1,575	1,575	1,575	1,575
7	販売管理費	売上高比	50.0%		500	1,000	938	1,125	1,125	1,125	1,125
8	減価償却費				100	100	100	100	100		
9	営業利益				(250)	(225)	275	350	350	450	450
10	税金	税率	40.0%		(100)	(90)	110	140	140	180	180
11	税引き後営業利益				(150)	(135)	165	210	210	270	270
12											
13	運転資金増減			(75)	7	(102)	(85)	(51)	0	0	0
14	減価償却足し戻し				100	100	100	100	100	0	0
15	固定資産投資			(500)							
16	残存価値（清算法）										305
17	FCF＋残存価値			(575)	(43)	(137)	180	259	310	270	575
18	割引率		8.0%								
19	**NPV**		**318**								
20	**IRR**		**16.2%**								
21											
22	memo：運転資金残高										
23	売掛金	回転日数	45		62	154	231	277	277	277	277
24	買掛金	回転日数	45		18	46	69	83	83	83	83
25	棚卸資産	回転日数	60	75	25	62	92	111	111	111	111
26	運転資金残高			75	68	170	254	305	305	305	305

前提条件が環境によって変動することは大いに想定されます。前提条件である各パラメーターの値が一定程度変動することを想定した場合に事業価値にどのくらいのインパクトを与えるのか、エクセルを使って「**感度分析**」を行います。感度分析を行うことで、各パラメーターの影響力の大小を定量的に把握することが可能になります（図表4-4）。

例えば、Step2で加算したカニバリゼーションの影響によって「NPVがマイナス、すなわち投資すべきではない」という計算結果が出たとしても、その結果「のみ」でもってあきらめるのではなく、「このパラメーターをこのように改善すれば」「このパラメーターにおける出費を○○％削減すれば」投資は可能である、という改善シナリオを導き出すことは可能です。仮に定性的に考えた場合にこの新商品の導入が事業戦略上正しいのであれば、その

図表4-4 DCF 法と感度分析のアウトプットイメージ

	A B C	D	E	F	G	H	I	J	K	L	M
1											
2	単位：百万円			Yr.0	Yr.1	Yr.2	Yr.3	Yr.4	Yr.5	Yr.6	Yr.7
3	売上高				500	1,250	1,875	2,250	2,250	2,250	2,250
4	売上高成長率					250%	150%	120%	100%	100%	100%
5	売上原価	売上高比	30.0%		150	375	563	675	675	675	675
6	売上総利益				350	875	1,313	1,575	1,575	1,575	1,575
7	販売管理費	売上高比	50.0%		500	1,000	938	1,125	1,125	1,125	1,125
8	減価償却費				100	100	100	100	100		
9	営業利益				(250)	(225)	275	350	350	450	450
10	税金	税率	40.0%		(100)	(90)	110	140	140	180	180
11	税引き後営業利益				(150)	(135)	165	210	210	270	270
12											
13	運転資金増減			(75)	7	(102)	(85)	(51)	0	0	0
14	減価償却足し戻し				100	100	100	100	100	0	0
15	カニバリによる既存商品CF減				(18)	(45)	(68)	(81)	(81)	(81)	(81)
16	固定資産投資			(500)							
17	残存価値（清算法）										305
18	FCF + 残存価値			(575)	(61)	(182)	113	178	229	189	494
19	割引率		8.0%								
20	**NPV**		(3)	0							
21	**IRR**		**7.9%**								
22											
23	memo：運転資金残高										
24	売掛金	回転日数	45		62	154	231	277	277	277	277
25	買掛金	回転日数	45		18	46	69	83	83	83	83
26	棚卸資産	回転日数	60	75	25	62	92	111	111	111	111
27	運転資金残高			75	68	170	254	305	305	305	305

	O	P	Q	R	S
4–5		BASE+カニバリ	10%変化のΔNPV	妥当な変動幅	**ΔNPV**
6	Yr.1の売上高	500	113	25%	**284**
7	Yr.2の売上高成長率	250%	96	10%	**96**
8	Tr.3の売上高成長率	150%	56	10%	**56**
9	売上原価率	30%	147	3%	**44**
10	Yr.1の販売管理費	500	25	25%	**63**
11	Yr.2の販売管理費	1,000	47	10%	**47**
12	Yr.3以降の販売管理費率	50%	202	3%	**61**
13	初期投資額	500	31	5%	**15**
14	既存商品のカニバリ率	10%	29	30%	**88**

正しい戦略を実行可能にするための方策を考えることこそが、本来の経営企画やファイナンス部門の仕事だと考えます。

Column 感度分析とは

感度分析とは、シミュレーションモデルにおいてある構成要素（パラメーター）が変化したときに、最終値にどれだけの影響を与えるかを見る分析手法のことを言います。例えば、輸出産業の企業では、為替の円ドルレートが1円振れたらどのくらい収益に影響を与えるのかを把握する目的で感度分析は使われたりします。もし為替変動が収益に対して非常に大きなインパクトを与えるのであれば、為替予約する、支払いを円建てにするなどの対応法を講じることが合理的な方策と考えられます。

今回、最終的な投資判断の基準となるアウトプットはDCF法で導いた事業価値であり、それに影響を与えるインプット要素であるパラメーターは、販売価格や販売数量、売上原価、初期投資額などです。感度分析を行うことで、これらのインプット要素が一定量変化したときに、アウトプットである事業価値はどのくらい変化するのかを定量的に可視化することができます。そのため、必要であれば投資判断の前に対処法を決めておくことや、準備をしておくことが可能になるわけです。

実践

投資分析のためのエクセルシートを作成する

それでは実際に投資の是非を判断するエクセルシートをつくってみましょう。先ほど説明した３つのステップを、順を追って説明をしていきます。

Step1の実践　ベースシナリオのDCF計算

DCF 計算をするためのテンプレートは図表4-5の通りです。事業が生み出すキャッシュフローを算出するために、損益計算書の数字、CF 調整項目（運転資金増減、減価償却足し戻し、固定資産投資）と残存価値を加えます。この事業のキャッシュフローのことを FCF（フリーキャッシュフロー）と呼びます。すでにマーケティング部および経理部から信頼性の高い情報をもらっているということなので、まずはこの数字を代入します。

この FCF を算出する際に注意していただきたいのが、「運転資金増減」および「残存価値」です。この２つについて簡単に説明をします。

● **運転資金増減**

そもそも運転資金とは、流動資産（主に売掛金と棚卸資産）から流動負債（買掛金）を差し引いたものを意味します。どうしてこれを FCF

図表4-5　ベースシナリオの FCF を算出するシート

	A B C	D	E	F	G	H	I	J	K	L	M
1											
2	単位：百万円			Yr.0	Yr.1	Yr.2	Yr.3	Yr.4	Yr.5	Yr.6	Yr.7
3	売上高				500	1,250	1,875	2,250	2,250	2,250	2,250
4	売上高成長率					250%	150%	120%	100%	100%	100%
5	売上原価	売上高比	30.0%		150	375	563	675	675	675	675
6	売上総利益				350	875	1,313	1,575	1,575	1,575	1,575
7	販売管理費	売上高比	50.0%		500	1,000	938	1,125	1,125	1,125	1,125
8	減価償却費				100	100	100	100	100		
9	営業利益				(250)	(225)	275	350	350	450	450
10	税金	税率	40.0%		(100)	(90)	110	140	140	180	180
11	税引き後営業利益				(150)	(135)	165	210	210	270	270
12											
13	運転資金増減										
14	減価償却足し戻し				100	100	100	100	100	0	0
15	カニバリによる既存商品CF減										
16	固定資産投資			(500)							
17	残存価値（清算法）										0
18	FCF + 残存価値			(500)	(50)	(35)	265	310	310	270	270
19	割引率										
20	**NPV**										
21	**IRR**										
22											
23	memo：運転資金残高										
24	売掛金	回転日数									
25	買掛金	回転日数									
26	棚卸資産	回転日数									
27	運転資金残高										

計算のときに含めるかというと、売上や費用の計上タイミングと、実際のキャッシュフローの動きにおいてはタイムラグがあるからです。損益計算書では売上が計上されていても現金化されるのは数日先になることが一般的で、その分キャッシュフローを計算する際は差し引かないといけません。同様に売上が立った段階で売上原価が計上されますが、その原価に対する支払いはすでに行われているとすればその分を調整しないといけないわけです。そういう調整項目として「運転資金増減」を加えます。

ここで「運転資金増減」と書いたことに注意をしてください。運転資金とは貸借対照表上の項目であり、その時点での残高（ストックの概念）を表しますが、FCFは一定期間の流出入（フローの概念）なので、期末残高と期首残高の差分をとることで「フロー」に換算します。

例えば、昨期末の売掛金の残高は62百万円と貸借対照表に計上されている、その１年後の今期末の売掛金の残高は154百万円と貸借対照表に計上されたとします。この場合は、この１年で92百万円（＝今期末の154百万円から昨期末の62百万円を差し引いた額）売掛金が増加したことになりますが、この増加分がキャッシュフローに影響を与えていることになります。

そのため期末の運転資金の残高を計算する必要があるのですが、このときに算出のベースとして用いるのが「回転日数」です。売掛金であれば、何日分の売上高に相当する額が期末に貸借対照表に計上されているのか。棚卸資産や買掛金であれば、何日分の売上原価に相当する額が期末の貸借対照表に計上されているのか。その指標を使ってまずは期末の残高を計算します（**図表4-6**）。

例としてセルG23を見てみましょう。Yr.1の期末における売掛金の残高の求め方ですが、Yr.1の売上高（セルG3）が500百万円、365で割ると一日あたりの売上高が算出されます。それを回転日数の45を乗じる（掛ける）ことで期末の売掛金残高を算出します。買掛金、棚卸資産、またYr.2以降の数字も同様のロジックで算出します。

ただしYr.1で販売を開始するためには、商品導入前に棚卸資産を積み増しする必要があると考えます。よってこのロジックとは別に、Yr.0の期末に、Yr.1の売上原価の半分（今回のケースでは75百万円）の棚卸資産を計上しています。

●残存価値

今回の商品の寿命は７年として前提を置いていますが、プロジェクトが終了し、市場から撤退したときに生まれるキャッシュフローを残存価値（清算法）として計上します。当プロジェクトが終了したYr.7の期末においても売掛金、すなわち販売したが回収していない金額が277

図表 4-6　運転資金増減の値を算出

G23　=+G3/365*$E23

	A B C	D	E	F	G	H	I	J	K	L	M
2	単位：百万円			Yr.0	Yr.1	Yr.2	Yr.3	Yr.4	Yr.5	Yr.6	Yr.7
3	売上高				500	1,250	1,875	2,250	2,250	2,250	2,250
4	売上高成長率					250%	150%	120%	100%	100%	100%
5	売上原価	売上高比	30.0%		150	375	563	675	675	675	675
6	売上総利益				350	875	1,313	1,575	1,575	1,575	1,575
7	販売管理費	売上高比	50.0%		500	1,000	938	1,125	1,125	1,125	1,125
8	減価償却費				100	100	100	100	100		
9	営業利益				(250)	(225)	275	350	350	450	450
10	税金	税率	40.0%		(100)	(90)	110	140	140	180	180
11	税引き後営業利益				(150)	(135)	165	210	210	270	270
12											
13	運転資金増減			(75)	7	(102)	(85)	(51)	0	0	0
14	減価償却足し戻し				100	100	100	100	100	0	0
15	固定資産投資			(500)		=F26-G26					
16	残存価値（清算法）										
17	FCF + 残存価値			(575)	(43)	(137)	180	259	310	270	270
18	割引率										
19	**NPV**										
20	**IRR**										
21											
22	memo：運転資金残高										
23	売掛金	回転日数	45		62	154	231	277	277	277	277
24	買掛金	回転日数	45		18	46	69	83	83	83	83
25	棚卸資産	回転日数	60	75	25	62	92	111	111	111	111
26	運転資金残高			75	68	170	254	305	305	305	305
27					= G23+G25-G24						

百万円あるのがわかります。また棚卸資産としても111百万円分の商品が残っていますし、購入したがいまだ完済していない買掛金の残高も83百万円存在します。プロジェクトが終了した段階でこれらを清算する必要があるので、その分のキャッシュフローを残存価値として加減します（**図表4-7**）。

今回は加えていませんが、もしプロジェクト終了後に売却して現金化できるような資産（土地や機械、設備など）があれば、それも残存価値として加えます。

以上の手順でFCFを算出できました。DCF法とは、資産の価値を「キャッシュフローの現在価値の総和」として評価する方法ですので、次の

図表4-7　残存価値の算出

M16　=+M26

	B	C	D	E	F	G	H	I	J	K	L	M
1												
2	単位:百万円				Yr.0	Yr.1	Yr.2	Yr.3	Yr.4	Yr.5	Yr.6	Yr.7
12												
13	運転資金増減				(75)	7	(102)	(85)	(51)	0	0	0
14	減価償却足し戻し					100	100	100	100	100	0	0
15	固定資産投資				(500)							
16	残存価値(清算法)											305
17	FCF + 残存価値				(575)	(43)	(137)	180	259	310	270	575
18	割引率											
19	NPV											
20	IRR											
21												
22	memo : 運転資金残高											
23	売掛金		回転日数	45		62	154	231	277	277	277	277
24	買掛金		回転日数	45		18	46	69	83	83	83	83
25	棚卸資産		回転日数	60	75	25	62	92	111	111	111	111
26	運転資金残高				75	68	170	254	305	305	305	305

図表4-8　NPVおよびIRRの値の算出

	B	C	D	E	F	G	H	I	J	K	L	M
1												
2	単位:百万円				Yr.0	Yr.1	Yr.2	Yr.3	Yr.4	Yr.5	Yr.6	Yr.7
12												
13	運転資金増減				(75)	7	(102)	(85)	(51)	0	0	0
14	減価償却足し戻し					100	100	100	100	100	0	0
15	固定資産投資				(500)							
16	残存価値(清算法)											305
17	FCF + 残存価値				(575)	(43)	(137)	180	259	310	270	575
18	割引率			8.0%								
19	NPV			318	=NPV(E18,G17:M17)+F17							
20	IRR			16.2%	=IRR(F17:M17)							
21												
22	memo : 運転資金残高											
23	売掛金		回転日数	45		62	154	231	277	277	277	277
24	買掛金		回転日数	45		18	46	69	83	83	83	83
25	棚卸資産		回転日数	60	75	25	62	92	111	111	111	111
26	運転資金残高				75	68	170	254	305	305	305	305

ステップとして算出したFCFを現在価値に換算します。今回使用する割引率は８％と前提を置いていますので、これを用いてNPVおよびIRRを計算します（図表4-8）。

NPVは、FCFの現在価値の総和を表す指標であり、NPV関数を使うことで求められます。

将来のFCFの現在価値＝NPV（割引率，将来のCFの範囲）

一つだけ注意したい点は、Yr.0は判断を下す、「今、この時点」のタイミングなので、割引の対象ではないということです。NPV関数の範囲に含めてしまうと割引の対象になってしまうため、いったんNPV関数の範囲から外して、別途計算するということに注意してください。

同じくプロジェクトの収益性を測定するためにIRRを計算してみましょう。

プロジェクトの収益性＝IRR（現在を含むキャッシュフローの範囲）

これでこのプロジェクトのDCF法による定量評価プロセスがいったん完了しました。ベースシナリオは、NPVが318百万円のプラス、IRRは資本コストの８％を超える16.2％なので、経済性の観点から見た場合、本件におけるプロジェクトへの投資は合理的である、という結論になります。

Step2の実践　定性分析によるシナリオの検証

Step1では所与の情報を基にプロジェクトのDCF（NPVおよびIRR）を算定しました。結果はNPVが318百万円のプラス、IRRが16.2％であり、目標とする８％のリターンを上回っているため、２つの数字だけ見れば「この事業に投資することは合理的」という結論が導かれました。

ただしこれはあくまでも一つの可能性における採算性にすぎません。**DCF法の数値は前提によって大きく変わるわけですから、そもそも設定している前提が本当に妥当なのか、合理的なのかという検証を十分に行う必要があります**。最初の数字には含まれていないけれども、事業の採算性に影響を及ぼしそうな要因が何かあるのではないか。あるとしたらそれはどんなものか。事業開始前の段階ですべて見通すことは不可能としても、できる限り予測して事業計画に織り込んでいく努力は欠かせません。

さて、この新商品「レモンスキンケア」の事業化については、創業者の松下社長が大いに乗り気です。オレンジスキンケアのヒットで取引先とのネットワークが拡大してきたので、その勢いを駆って次の矢を放とうという意気込みが伝わってきますが、よくよく考えてみると、新商品のコンセプトについて相談した取引先や消費者も、どうやら既存商品であるオレンジスキンケアの販売店や、購入者のようです。

既存商品と用途が同じ、ターゲットとなる顧客層も同じ、販売ネットワークも同じになると、新商品と既存商品のカニバリゼーション（共食い）が起きることが容易に予測できます。つまり新商品が売れたとしても、それは会社にとっては純粋な売上増にはならず、既存商品の顧客が新商品に流れてしまう可能性がありそうです。

プロジェクトの事業価値とは、「そのプロジェクトを実施したとき」と「実施しなかったとき」の差ですから、プロジェクトによって既存事業にネガティブな影響が出るとしたら、その影響も当然含めて計算しなくてはなりません。具体的には、レモンスキンケア発売によるオレンジスキンケアのFCFへのインパクトを予測してみましょう（図表4-9）。

図表4-9 カニバリゼーションの影響を算定

	A B C D	E	F	G	H	I	J	K	L	M
1										
2	単位：百万円		Yr.0	Yr.1	Yr.2	Yr.3	Yr.4	Yr.5	Yr.6	Yr.7
29	memo：カニバリによるインパクト									
30	既存商品売上減	10%		50	125	188	225	225	225	225
31	限界利益率	60%		30	75	113	135	135	135	135
32	税率	40.0%		12	30	45	54	54	54	54
33	カニバリによるCF減			18	45	68	81	81	81	81

カニバリゼーションによるFCFへの影響は、既存商品であるオレンジスキンケアの売上減をどの程度で見込むかに起因します。消費者や取引先にヒアリングをした結果として「新商品の売上高の10％分は既存商品の購買客のシフト（＝既存商品売上減）」であることが見積もられたとして、その場合どのくらいのキャッシュフローが会社全体から喪失されるのか、売上減少に伴う費用の変動も併せて数値的な影響を見ます（今回は演習ということもあり、ざっくりとした見積もりでシミュレーションを行っていますが、見積もりが意思決定に決定的な影響を与える重要問題の場合は、時間と手間を惜しまずにしっかりと調査をしたほうがよいです）。

限界利益率（売上高から変動費を差し引いたものを限界利益と呼びますが、その売上高比率）は60％と前提を置くこととします。つまり変動費率が40％であることを意味するわけですが、今回は売上原価（売上高比30％）と販管費の一部（今回は10％と仮定する）に変動費分があると想定しています。売上高が増減しても、それに伴い変動費も増減しますから、今回は40％分の変動費を差し引いた分、すなわち売上変動の60％分が営業利益に対するインパクトと考えます。第５章で限界利益について、詳しく解説しています。そちらも併せて読んでください。

FCFは税引き後営業利益に関わるので、税率も考慮しなくてはなりません。ここでは実効税率はプロジェクトの見積もりと同じく40%とします。

売上減少は運転資金にも影響を与えますが、ここでは前提条件がないということもあり、ざっくりとインパクトを知りたいのであえて無視します（もちろん運転資金が大きな影響を与える要素である場合はていねいに算出したほうがよいです）。

このようにカニバリゼーションの影響を含めてDCFを計算すると、**図表4-10**のような結果となります。

欄外のmemoの数字を取り入れて表を再作成していくと、Yr.1における

図表4-10　カニバリゼーションの影響を、元のDCF法のシミュレーションに反映

	A	B	C	D	E	F	G	H	I	J	K	L	M
1													
2		単位：百万円				Yr.0	Yr.1	Yr.2	Yr.3	Yr.4	Yr.5	Yr.6	Yr.7
3		売上高					500	1,250	1,875	2,250	2,250	2,250	2,250
4			売上高成長率					250%	150%	120%	100%	100%	100%
5		売上原価		売上高比	30.0%		150	375	563	675	675	675	675
6		売上総利益					350	875	1,313	1,575	1,575	1,575	1,575
7		販売管理費		売上高比	50.0%		500	1,000	938	1,125	1,125	1,125	1,125
8		減価償却費					100	100	100	100	100		
9		営業利益					(250)	(225)	275	350	350	450	450
10		税金		税率	40.0%		(100)	(90)	110	140	140	180	180
11		税引き後営業利益					(150)	(135)	165	210	210	270	270
12													
13		運転資金増減				(75)	7	(102)	(85)	(51)	0	0	0
14		減価償却足し戻し					100	100	100	100	100	0	0
15		カニバリによる既存商品CF減					(18)	(45)	(68)	(81)	(81)	(81)	(81)
16		固定資産投資				(500)							
17		残存価値（清算法）											305
18		FCF＋残存価値				(575)	(61)	(182)	113	178	229	189	494
19		割引率			8.0%								
20		**NPV**			**(3)**								
21		**IRR**			**7.9%**								
22													
30		memo：カニバリによるインパクト											
31		既存商品売上減			10%		50	125	188	225	225	225	225
32		限界利益率			60%		30	75	113	135	135	135	135
33		税率			40.0%		12	30	45	54	54	54	54
34		カニバリによるCF減					18	45	68	81	81	81	81

カニバリゼーションによるキャッシュフローの減少は18百万円、Yr.2は45百万円となり、Yr.4では81百万円にまで増え、以後は一定となりました。

これを考慮して再度事業価値を計算してみると、NPVは▲3百万円のマイナス値という結果に変わりました。

つまり、「新商品レモンスキンケアは、それ単体で見れば投資額を上回るキャッシュフローは生むけれども、既存商品の売上に悪影響が出るため、会社全体の視点では経済合理性はない」という結果になったわけです。

Step3の実践　感度分析によるシミュレーション

Step2では、新商品「レモンスキンケア」の販売によって、既存商品「オレンジスキンケア」の売上が減少するインパクトが無視できないほど大きいということが判明しました。実際にNPVを算出するとマイナスとなり、今度は一転して「新商品への投資は経済合理性がない」という結論になってしまいました。

だからといって「投資をしない」と結論づけるのは早計です。たしかに今の状態ではNPVはマイナスなので投資は合理的ではありませんが、シミュレーションモデルをつくったことでどのパラメーターがNPVに影響を与えるのかがわかります。別の言い方をすれば「どのパラメーターを改善すれば投資は可能になるのか？」「そのパラメーターを改善するためにはどのようなアクションをとらなければいけないのか？」ということもこのシミュレーションモデルを通じてわかるはずです。

そこで、このエクセルで作成したモデルを基に、各パラメーターを変動させながら、どのようにしたらNPVをプラスにすることができ、投資にゴーサインを出せるのかというシナリオを模索していくこととします。このときに活用するのが前述した「感度分析」というフレームワークです。

今回は次のパラメーターをそれぞれ10%ずつ動かして、NPVにどのくらいのインパクトがあるのかを調べてみたいと思います。感度分析用に動かすセルは赤色で色づけをしてみました（**図表4-11**）。

- 初年度（Yr.1）の立ち上がり時の売上高
- Yr.2およびYr.3の売上高成長率
- 売上原価率
- Yr.1およびYr.2の販売管理費（絶対額）
- Yr.3以降の販売管理費の売上高比率
- 固定資産投資額
- 新商品「レモンスキンケア」の売上高における、既存商品「オレンジスキンケア」から流入してくる売上高の構成率

図表4-11 感度分析をするための、変数の設定

	A B C	D	E	F	G	H	I	J	K	L	M
1											
2	単位：百万円			Yr.0	Yr.1	Yr.2	Yr.3	Yr.4	Yr.5	Yr.6	Yr.7
3	売上高				500	1,250	1,875	2,250	2,250	2,250	2,250
4	売上高成長率					250%	150%	120%	100%	100%	100%
5	売上原価	売上高比	30.0%		150	375	563	675	675	675	675
6	売上総利益				350	875	1,313	1,575	1,575	1,575	1,575
7	販売管理費	売上高比	50.0%		500	1,000	938	1,125	1,125	1,125	1,125
8	減価償却費				100	100	100	100	100		
9	営業利益				(250)	(225)	275	350	350	450	450
10	税金	税率	40.0%		(100)	(90)	110	140	140	180	180
11	税引き後営業利益				(150)	(135)	165	210	210	270	270
12											
13	運転資金増減			(75)	7	(102)	(85)	(51)	0	0	0
14	減価償却足し戻し				100	100	100	100	100	0	0
15	カニバリによる既存商品CF減				(18)	(45)	(68)	(81)	(81)	(81)	(81)
16	固定資産投資			(500)							
17	残存価値（清算法）										305
18	FCF＋残存価値			(575)	(61)	(182)	113	178	229	189	494
19	割引率		8.0%								
20	**NPV**		**(3)**								
21	**IRR**		**7.9%**								
22											
23	memo：運転資金残高										
24	売掛金	回転日数	45		62	154	231	277	277	277	277
25	買掛金	回転日数	45		18	46	69	83	83	83	83
26	棚卸資産	回転日数	60	75	25	62	92	111	111	111	111
27	運転資金残高			75	68	170	254	305	305	305	305
28											
29											
30	memo：カニバリによるインパクト										
31	既存商品売上減		10%		50	125	188	225	225	225	225
32	限界利益率		60%		30	75	113	135	135	135	135
33	税率		40.0%		12	30	45	54	54	54	54
34	カニバリによるCF減				18	45	68	81	81	81	81

それ以外にも黄色で色づけされた「前提条件として自分自身で設定できる」セルはありますが、今回の感度分析ではシミュレーションの対象外とします。例えば実効税率は自分たちではコントロールできない要素ですし、取引制度が変わらなければ運転資金の回転日数も変わりません。プロジェクトチームでコントロールできる要素に集中してシミュレーション対象となるパラメーター設定を行いました。

さて、これらのパラメーターを変化させたとき、NPVに対してどのくら

いインパクトを与えるのかをまとめたのが**図表4-12**のテーブルになります。各パラメーターが10%動いた場合（P列）NPVに対してどのくらいのインパクトがあるのか（Q列）、現実的にはどのくらいの幅でパラメーターの数値が動きうるのか（R列）から、想定されるNPVへのインパクトをS列で表記しています。

一つの例として、Yr.1の売上高がベースシナリオよりも増えた場合のインパクトを試算してみましょう。プロセスにしたがって、まずは売上高を10%増やしてみる、現実的にはどのくらいまで売上高が増えるかを想定する（仮に25%が現実的に動きうる数字と仮定する）、結果としてNPVはどのくらい増えるのかを試算してみます。セルP6からS6を見てください。

Yr.1の売上高が10%増えるということは、ベースシナリオで想定していた500百万円が550百万円に変化するので、赤色に色づけしたセルG3の数値を500から550へと書き直します。このエクセルシートは数式でモデル化していますから、G3の数値を動かすことでそのほかのところも再計算されます。結果としてNPVは110、すなわちベースシナリオで想定していた▲3百万円から+113百万円改善した形となります。この113をセルQ6（ΔNPVのΔ：デルタとは、差分を表します）に記載します。

いったん変動幅は10%と置いていますが、パラメーターによっては10%以上もしくは10%以下の変動幅しかないこともあります。例えば原価率などは、化粧品メーカーとしての知見の積み重ねがあるので、量産開始前の時点でもかなり正確に見積もれるはずです。初期投資額も同様でしょう。一方で初年度の売上高などは、商品が顧客にどの程度受け入れられるかで大きく変化する数字ですし、カニバリゼーションの割合も実際に市場投入してみなければわからない面があるのは事実です。今回のYr.1の売上高は不確定要素も多いため、25%程度ずれる可能性もあると想定した場合、NPVにどのくらいのインパクトがあるのかを試算したのがセルS6になります。

図表4-12　感度分析の実行

	A B C	D	E	F	G	H	I	J	
1									
2	単位：百万円			Yr.0	Yr.1	Yr.2	Yr.3	Yr.4	Y
3	売上高				500	1,250	1,875	2,250	
4	売上高成長率					250%	150%	120%	
5	売上原価	売上高比	30.0%		150	375	563	675	
6	売上総利益				350	875	1,313	1,575	
7	販売管理費	売上高比	50.0%		500	1,000	938	1,125	
8	減価償却費				100	100	100	100	
9	営業利益				(250)	(225)	275	350	
10	税金	税率	40.0%		(100)	(90)	110	140	
11	税引き後営業利益				(150)	(135)	165	210	
12									
13	運転資金増減			(75)	7	(102)	(85)	(51)	
14	減価償却足し戻し				100	100	100	100	
15	カニバリによる既存商品CF減				(18)	(45)	(68)	(81)	
16	固定資産投資			(500)					
17	残存価値（清算法）								
18	FCF + 残存価値			(575)	(61)	(182)	113	178	
19	割引率		8.0%						
20	**NPV**		**(3)**	0					
21	**IRR**		**7.9%**						

すなわち、10％の変化で113百万円変動するわけだから、25％の変化では284百万円動きうる、ということを意味します。以下同様に、ほかのパラメーターにおいてもNPVへのインパクトを算出してみます。

こうして各パラメーターの変化がNPVにどれだけインパクトを与えるかということが一覧となりました。事業の採算性を考える上で押さえるべき数値がわかりやすくなりました。今回のケースでいえば、NPVに影響を与える最も大きな要素は初年度の売上高であり、次いで初年度から２年目にかけての成長率、カニバリゼーションの影響ということになりました。

一方で、初期投資額や最初の２年間の販売管理費に関してはそれほど大き

	M	N	O	P	Q	R	S
	Yr.7		感度分析のテーブル				
0	2,250						
%	100%			BASE+	10%変化	妥当な	
5	675			カニバリ	のΔNPV	変動幅	**ΔNPV**
5	1,575		Yr.1の売上高	500	113	25%	**284**
5	1,125		Yr.2の売上高成長率	250%	96	10%	**96**
			Yr.3の売上高成長率	150%	56	10%	**56**
0	450		売上原価率	30%	147	3%	**44**
0	180		Yr.1の販売管理費	500	25	25%	**63**
0	270		Yr.2の販売管理費	1,000	47	10%	**47**
			Yr.3以降の販売管理費率	50%	202	3%	**61**
0	0		初期投資額	500	31	5%	**15**
0	0		既存商品のカニバリ率	10%	29	30%	**88**
1)	(81)						
	305						
9	494						

な影響を与えないということもわかりました。仮にこのシミュレーション結果が妥当だとすれば、当プロジェクトにゴーサインを出すための条件は「カニバリゼーションの影響を極小化し、一定規模の売上を上げることが最重要であり、そのためには初期投資や初期の販売促進に積極的にお金を投じてもよい」とも言えそうです。Step2では「投資すべきではない」とした分析結果も、Step3の感度分析を通じて「マーケティングの工夫でカニバリゼーションの影響を少なくし、より規模の大きな売上を確保できれば、十分採算性がとれる」と判断できました。

まとめ

感度分析を通じて 事業モデルの押さえるべきキモがわかる

今回のような投資の是非を問うシーンにおいては、DCF法での定量分析を行うことをお勧めします。マーケティング部や経理部からデータをもらい、まずはエクセル上で投資案件のFCFを算出し、NPV関数およびIRR関数を用いて、投資の妥当性を定量的に評価します。

ただしそこで終わりにせずに、そもそもベースケースのシナリオに含まれている前提条件は正しいのかを多面的に検証し、必要であればその前提数値を修正したり、項目を追加したりして、より納得性・説得性の高いシミュレーションに仕上げていきます。納得性・説得性を高めるためにも、単なる数値のシミュレーションに終始せずに、市場調査や定性分析からの示唆が必要になってきます。

このようにしていったんこのモデルを完成させたら、インプット要素を一定量動かして、どのくらいアウトプットであるNPV・IRRに影響を与えるかを感度分析で測定します。このプロセスを経ることで、この事業モデルにおいて「押さえるべきキモ」となる要素がわかりますので、最終的には経営の観点で集中的に管理すべきポイントがどこなのかを明確にすることができ、より自信をもった投資判断が下せるようになるわけです。

Chapter 5

会社に何が起こっているのかを可視化する「予算・実績ギャップ分析」

新たに予算・実績ギャップ分析を行うことになった老舗企業

栃木県にあるY社は創業50年を迎える老舗陶器メーカーである。この時代においては珍しく、ほぼすべての製品において職人技を存分に駆使した手作りにこだわってきた。商品自体も独特のデザイン性が目の肥えた陶器ファンに大変好評で、広告宣伝に費用をかけずとも口コミを中心にして地道に多くのファンを獲得してきた優良企業である。成長のためには、職人の採用と育成がカギになるが、人事におけるノウハウを確立することで、急成長を支える土台をつくり上げることにも成功した。この企業の成長性に目をつけて、ある投資ファンドが更なる事業成長のための出資を行った。

Y社では実績については地元の会計士の協力を得て、毎月経理レポートを提出してきたが、投資ファンドは戦略に基づく計画値（予算）に対して、実績がどの程度沿ったものになっているのか、どの程度乖離しているのか、適時に把握できるような体制構築を求めている。そのために社外から新たに経営企画担当のメンバーを招聘することになった。

あなたはY社に経営企画担当責任者として着任し、最初の仕事としてこの予算・実績ギャップ分析に取り掛かることとした。今期に入っての半年間の実績を、戦略に基づく計画値（予算）や昨年の同時期の実績と比較することで、差分を抽出しながらそこに意味を見出したいと思っている。

これまで予算・実績のギャップ分析を行った経験もない会社であり、そのためのシステムが整っているわけでもない。エクセルを活用した予算・実績ギャップ分析により、いかにして会社の課題を可視化することができるだろうか。

イシューの特定

営業利益に注目し、予算・実績のギャップを確認し、課題を突き止める

予算というものは本来、外部環境や内部環境を考慮し、かつそこに経営陣の「こうしたい」という意図を込めてつくった活動を数値化したものです。この予算に対して、実際の活動のパフォーマンスがどの程度沿っているのか、もしくはどの程度乖離しているかを確認することで、当初の計画がどの程度効果があるのか把握できますし、乖離が大きければ計画自体を見直す必要があるかどうかを考えることができます。

本分析の目的は、この半年間の実績を、財務数値（売上高、費用、営業利益）をもって当初想定した計画（予算）と比較し、何が計画通り遂行されており、何が課題なのかを明らかにすることです。また予算対比だけでなく、昨年実績とのギャップ比較をすることも課題を明らかにすることに役立ちます。

「Introduction 分析の基本の『キ』」で述べたように、分析をして問題点を突き止めるには、一定のプロセスがあります。

- 【What】まずは最も重要なアウトプットとなる数値に着目をする。今回のケースであれば、最終的なアウトプットの営業利益に着目をしたいと思います。

- 【Where】その営業利益の数値を予算や昨年実績と比較して、どの程度計画通りなのか、もしくはどの程度乖離があるかを確認する。さらにそれを分解することで、どの特定領域において課題があるかを突き止めてみたいと思います。具体的には部門単位で分解してみる、売上高および費用項目ごとに分解してみる、その上で予算や昨年実績と比較する。
- 【Why】課題が生じている特定箇所を突き止めたら、なぜそのような状態になっているのか、その要因を解明する。先のWhat、Whereまでは定量分析で容易に突き止められますが、このステップにおいて精度の高い要因解明をするためには、担当者にヒアリングしたり、実際に自分で現場を訪問し観察するといったアクションが必要になるでしょう。
- 【How】そして最後に解決策、修正策を検討し、実行に向けて準備をする。What、Where、Whyのプロセスまで踏めば、かなり絞り込んだ課題の特定ができているはずですので、それに対応した具体的で効果が期待できる解決案を生み出す可能性は高まります。この際もいくつか複数の解決オプションを検討しながら、そのメリット・デメリットを比較することで最も合理的な解決策を選択することが良いと思います。

今回のケースでは、【What】と【Where】の部分、エクセルを用いて定量的に特定領域まで課題のありかを究明することをメインとしたいと思います。もちろんこの後の【Why】、【How】の部分がなければ分析としては未完成で、この２つは大変重要なパートではあるのですが、今回は手法論としての定量分析のティップスの紹介にとどめたいと思います。

フレームワーク

変動費・固定費・限界利益

今回のケースのような収益性分析をする際の一つの分解の切り口は「勘定

図表5-1 変動費・固定費・限界利益

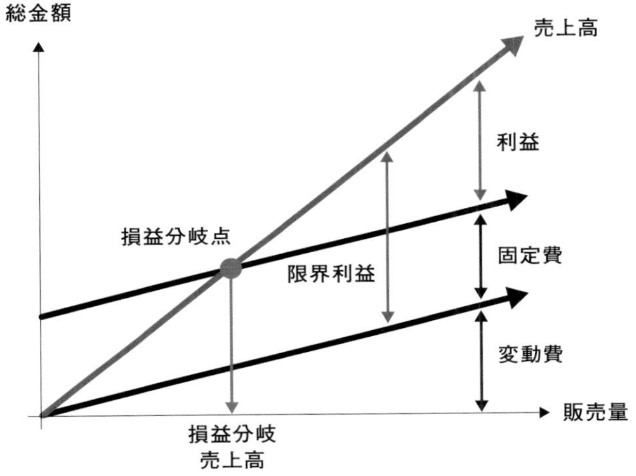

科目」によるものです。営業利益を売上と費用へと分解し、さらにその費用を費用項目ごとに分解することで、具体的にどの費用項目が貢献要因になって、営業利益が予算を超過したのか（もしくは未達となったのか）、または昨年実績を上回ったのか（もしくは下回ったのか）を突き止めます。

ここで一点注意したいのは、「費用項目」です。一言で「費用」といっても、実は**売上とともに同時に増減する変動費と、売上とは連動しない固定費というものがあり、これらを分けて考えることが必要**です。売上が増えたとしても、変動費も同時に増えるので、利益の増分は売上高から変動費を差し引いた分しか増えません。この売上高から変動費を差し引いた利益のことを限界利益と呼び、管理会計上では大変重要な利益の概念となります。

図表5-1で変動費・固定費・限界利益について整理しました。

ご覧いただいておわかりの通り、固定費は販売量の増加にかかわらず一定で推移しますが、変動費は販売量の変動にともない増減します。１から変動費の売上高に対する割合を引いたものが「限界利益率」であり、売上高の増減分に対してこの限界利益率を乗じた（掛け算をした）分が利益の増減分に該当します。

具体的な事例で説明をしましょう。変動費率が30％のとき、限界利益率は70％になるので（1−30％）、もし売上高が100百万円増加した場合、それにともない利益は70百万円増加する（100百万円×限界利益率70％）ことを意味します。

ちなみに売上高と費用が一致した点を「損益分岐点」と呼びます。この損益分岐点を上回る販売量が得られれば黒字化し、この点に到達しない販売量であれば赤字になる、まさにその「分岐点」であるため、予算設計や収益計画を立てる際の基準ともなります。損益分岐点においては、売上高と、費用総額である「売上高×限界利益率＋固定費」がイコールになるわけですから、この方程式を解けば損益分岐点の売上高を算出することが可能です。

変動費の代表例としては、売上原価における原材料や配送費、クレジットカード決済の手数料、売上連動の費用などがあげられます。これらはいずれも販売量にともない増減します。

一方、固定費の代表例としては、管理費や人件費、固定賃料、機械装置の減価償却費などです。ただし**一定の固定分を含みながら、部分的に変動費という費用項目も中にはありますので、内容をしっかりと見抜くことが必要**です。変動費なのか、固定費なのかが判断つきにくい場合は、費用をアウトプット（従属変数）、売上高をインプット（独立変数）として単回帰分析することで変動費率を算出するやり方も存在します。回帰分析についてはChapter 3にて事例を紹介していますので、ご参照ください。

よって今回は今期の営業利益の実績を、今期予算および昨年実績と比較し、その差分が、

- 売上高増減の影響によるものなのか（限界利益に着目）
- 変動費率の増減の影響によるものなのか

● 固定費の増減によるものなのか

の３種類に分けるということが基本となります。

アプローチ

今期の実績と、予算および昨年実績との差を抽出

今回の予算実績ギャップ分析は、極めてオーソドックスな分析アプローチをとります。すなわち、データをある軸で「分解」し、各要素を「比較」し、その差分に着目して「意味を解釈」することです。このアプローチを行うにあたり、**図表5-2**のようなテーブルをつくりたいと思います。

横軸には事業部、縦軸には損益計算書の勘定科目を並べます。それぞれの事業部における今期実績、今期予算、昨年実績を並べることで、その差分を抽出することができます。それを勘定科目ごとに分解することで、営業利益の実績が予算を超過しているのは（もしくは未達なのは）、売上増減の影響

図表5-2　**予算実績ギャップ分析のためテーブル**

	X事業部			Y事業部			Z事業部			間接部門			全社合計		
	百万円	FY20予算比	FY19実績比	百万円	FY20予算比	FY19実績比	百万円	FY20予算比	FY19実績比	百万円	FY20予算比	FY19実績比	百万円	FY20予算比	FY19実績比
売上高															
売上原価															
売上総利益															
売上高比															
販売管理費															
広告宣伝費															
人件費															
地代家賃															
支払手数料															
研究開発費															
償却費															
その他															
販管費計															
売上高比															
営業利益															
売上高比															

図表5-3　予算実績ギャップ分析のアウトプットイメージ

	X事業部			Y事業部			Z事業部			間接部門			全社合計		
	百万円	FY20予算比	FY19実績比	百万円	FY20予算比	FY19実績比	百万円	FY20予算比	FY19実績比	百万円	FY20予算比	FY19実績比	百万円	FY20予算比	FY19実績比
ギャップ分析															
売上高成長															
原価率															
支払手数料															
広告宣伝費															
人件費															
地代家賃															
研究開発費															
償却費															
その他															
合計															

変動費は、売上高比もしくは1個あたり単価を比較する。

固定費は、絶対額同士を比較し、
差の意味を解釈すればよい。

によるものなのか（限界利益に着目する）、変動費率の変化の影響によるものなのか、それとも固定費の増減の影響によるものなのか、先ほど定義したこの３つの分類で分けて考えます。

変動費、固定費もそれぞれ細かな勘定科目ごとに振り分けることが可能ですから、必要に応じて今回記載したものよりもより細かく分類することで、差異を生み出している要因を的確に把握することが可能です。最終的に得たいテーブルのイメージは**図表5-3**のようなものです。

売上高成長の影響による営業利益へのインパクトは、売上高増減分に限界利益率をかけ合わせることで算出できますし、変動費率の変化による利益へのインパクトは、変動費率の差異に売上高をかけ合わせることで算出できます。このあたりの詳細分析の方法については、次からの「実践」で具体的数値を使いながら、説明をしたいと思います。まずは考え方だけ押さえておいてください。

実践1

データベースをピボットテーブルでクロス集計してみよう

私は実務において、今回のケースのような予算実績のギャップ分析を過去何年間も行ってきましたが、システムが整っておらずエクセルを基に分析を実施する際によく採用するアプローチが「今期実績、今期予算、昨年実績の３つの収益データを１つのデータベースにまとめ、それをピボットテーブルでクロスセル集計をする」というものです。ピボットテーブルにはスライサーという機能があり、自分の選択したい項目（例えば四半期や月単位で選択をする、特定の事業部門だけ選択をするなど）でフィルターをかけて集計をすることができ、その機能を重宝しています（スライサーの使い方については、のちほど説明します）。

まず、準備段階として、**図表5-4**にあるようなデータベースをつくりましょう（https://str.toyokeizai.net/books/9784492558058/ よりダウンロードが可能です。パスワードは「mbaexcel」）。

会計システムなどから図表5-4のような形にダウンロードできるのであればベストですが、そうでない場合は多少の加工が必要となります。ミスを防ぐため、また作業効率を高めるためにできるだけマニュアル作業を少なくしながらもこのようなデータベースを作成することがカギとなるわけですが、エクセルファイル内のデータをテーブルの形で取り込む手法としてChapter ２でも紹介したPower Queryという機能は非常に応用が利きますので、興味ある方はぜひ調べていただきたいと思います。

図表5-4　横軸に勘定科目、縦軸に集計区分を入れて準備

	A	B	C	D	E	F	G	H	I
1	年度	予実	カテゴリー	月	中分類	小分類	売上高	売上原価	売上総
2	FY19	実績	FY19実績	01	Z事業部	ブランドD	114,716,341	(34,291,802)	80,42
3	FY19	実績	FY19実績	01	Z事業部	ブランドE	154,377,491	(114,575,301)	39,8
4	FY19	実績	FY19実績	01	Y事業部	ブランドC	285,329,004	(294,747,792)	(9,41
5	FY19	実績	FY19実績	01	間接部門	海外支店	0	0	
6	FY19	実績	FY19実績	01	間接部門	広報部	0	0	
7	FY19	実績	FY19実績	01	間接部門	管理部	0	0	
8	FY19	実績	FY19実績	01	間接部門	生産部	0	0	
9	FY19	実績	FY19実績	01	X事業部	ブランドB	91,154,904	(23,784,477)	67,37
10	FY19	実績	FY19実績	01	X事業部	ブランドA	152,482,513	(38,887,024)	113,59
11	FY19	実績	FY19実績	01	間接部門	海外支店	0	0	
12	FY19	実績	FY19実績	02	Z事業部	ブランドD	117,277,182	(26,284,081)	90,99
13	FY19	実績	FY19実績	02	Z事業部	ブランドE	44,914,617	(25,840,345)	19,07
14	FY19	実績	FY19実績	02	Y事業部	ブランドC	28,266,015	(18,822,035)	9,44
15	FY19	実績	FY19実績	02	間接部門	海外支店	0	0	
16	FY19	実績	FY19実績	02	間接部門	広報部	0	0	
17	FY19	実績	FY19実績	02	間接部門	管理部	0	0	
18	FY19	実績	FY19実績	02	間接部門	生産部	0	0	
19	FY19	実績	FY19実績	02	X事業部	ブランドB	120,666,168	(30,339,857)	90,32
20	FY19	実績	FY19実績	02	X事業部	ブランドA	216,359,054	(53,745,026)	162,61
21	FY19	実績	FY19実績	02	間接部門	海外支店	0	0	
22	FY19	実績	FY19実績	03	Z事業部	ブランドD	90,286,174	(20,040,344)	70,24
23	FY19	実績	FY19実績	03	Z事業部	ブランドE	18,505,637	(12,113,248)	6,39
24	FY19	実績	FY19実績	03	Y事業部	ブランドC	32,085,420	(19,754,140)	12,33
25	FY19	実績	FY19実績	03	間接部門	海外支店	0	0	
26	FY19	実績	FY19実績	03	間接部門	広報部	0	0	
27	FY19	実績	FY19実績	03	間接部門	管理部	0	0	
28	FY19	実績	FY19実績	03	間接部門	生産部	0	0	
29	FY19	実績	FY19実績	03	X事業部	ブランドB	100,960,689	(26,489,620)	74,47
30	FY19	実績	FY19実績	03	X事業部	ブランドA	194,064,999	(48,548,296)	145,51
31	FY19	実績	FY19実績	03	間接部門	海外支店	0	0	
32	FY19	実績	FY19実績	04	Z事業部	ブランドD	141,282,670	(29,894,861)	111,38
33	FY19	実績	FY19実績	04	Z事業部	ブランドE	124,380,594	(90,021,011)	34,35
34	FY19	実績	FY19実績	04	Y事業部	ブランドC	241,338,829	(242,541,325)	(1,20
35	FY19	実績	FY19実績	04	間接部門	海外支店	0	0	
36	FY19	実績	FY19実績	04	間接部門	広報部	0	0	
37	FY19	実績	FY19実績	04	間接部門	管理部	0	0	
38	FY19	実績	FY19実績	04	間接部門	生産部	0	0	

	K	L	M	N	O	P	Q	R
	広告宣伝費	人件費	支払手数料	地代家賃	償却費	その他	販管費計	営業利益
4)	(1,846,728)	(15,373,034)	(9,978,744)	(11,623,861)	(7,760,420)	(1,883,441)	(49,943,342)	30,481,196
9)	(8,733,331)	(42,903,396)	0	(4,945,800)	(58,729)	(10,789,277)	(74,355,154)	(34,552,964)
0	(597,478)	(2,668,611)	0	(80,470)	(18,365)	(846,145)	(4,211,069)	(13,629,857)
0	0	(104,337)	0	(591)	0	0	(104,928)	(104,928)
0	(916,576)	(4,097,421)	0	(1,292,650)	(269,381)	(590,909)	(7,166,937)	(7,166,937)
5)	1,916,953	(4,949,669)	0	(5,187,348)	(34,330,099)	(11,779,077)	(54,680,406)	(54,680,406)
0	0	(932,403)	0	(201,368)	(25,816)	(211,277)	(1,370,865)	(1,370,865)
5)	(4,986,452)	(14,043,837)	(10,049,040)	(4,607,074)	(678,400)	(2,760,694)	(37,620,292)	29,750,136
1)	(10,613,029)	(16,463,011)	(10,999,324)	(12,669,541)	(2,100,412)	(4,583,898)	(57,483,916)	56,111,573
0	0	0	0	11,406	32,899	7,956	52,261	52,261
5)	(1,579,737)	(15,227,428)	(13,243,337)	(11,880,467)	(7,892,223)	(5,954,378)	(60,197,186)	30,795,914
2)	(30,014,708)	(57,796,004)	0	(5,811,135)	(47,490)	(11,148,133)	(117,413,981)	(98,339,709)
0	(824,164)	(2,276,180)	0	(61,938)	(15,840)	(552,306)	(3,730,429)	5,713,551
0	0	(17,493)	0	(308)	0	(119,738)	(137,540)	(137,540)
0	(1,651,443)	(4,536,227)	0	(1,312,390)	(268,446)	(1,015,317)	(8,783,822)	(8,783,822)
5)	(618,962)	(8,330,927)	0	(6,261,351)	(34,573,644)	(6,032,896)	(56,168,946)	(56,168,946)
0	0	(872,262)	0	(16,143)	(25,513)	(169,998)	(1,083,917)	(1,083,917)
50)	(3,844,408)	(12,321,671)	(13,188,514)	(5,069,425)	(596,015)	(2,772,753)	(38,417,946)	51,908,366
35)	(11,845,999)	(14,568,993)	(19,420,661)	(12,683,284)	(1,970,860)	(4,982,705)	(65,844,386)	96,769,643
0	0	0	0	12,155	34,414	208	46,777	46,777
77)	(2,418,279)	(13,970,161)	(10,890,460)	(11,006,982)	(7,895,969)	(3,565,804)	(57,709,732)	12,536,098
97)	(2,330,519)	(20,206,359)	0	(7,350,580)	(47,490)	(17,359,991)	(70,342,535)	(63,950,146)
0	(1,641,724)	(2,642,353)	0	(72,465)	(15,840)	(294,942)	(4,667,323)	7,663,956
0	(12,615)	(36,151)	0	0	0	0	(48,766)	(48,766)
0	(914,912)	(4,112,134)	0	(1,286,094)	(267,761)	(637,000)	(7,217,901)	(7,217,901)
10)	(295,361)	(9,001,297)	0	(5,638,632)	(32,296,834)	(8,984,814)	(56,477,347)	(56,477,347)
0	0	(769,073)	0	(40,882)	(25,233)	(105,983)	(941,170)	(941,170)
75)	(6,995,940)	(13,075,655)	(10,316,097)	(4,694,597)	(293,866)	(2,536,105)	(38,453,736)	36,017,333
95)	(14,454,263)	(15,870,179)	(14,061,143)	(13,168,782)	(1,458,537)	(5,603,985)	(64,715,183)	80,801,521
0	0	0	0	11,885	33,291	(7,664)	37,512	37,512
25)	(3,453,027)	(14,433,245)	(14,895,692)	(14,093,837)	(7,881,116)	(4,741,263)	(80,940,005)	30,447,803
30)	(22,216,618)	(43,626,760)	0	(4,840,367)	(47,490)	(8,006,811)	(85,705,376)	(51,345,793)
0	(1,043,737)	(2,956,042)	0	(61,845)	(17,820)	(1,009,586)	(5,089,029)	(6,291,525)
0	0	(58,481)	0	0	0	(93,096)	(151,577)	(151,577)
0	(258,398)	(6,642,831)	0	(1,313,639)	(268,321)	(378,272)	(8,861,461)	(8,861,461)
65)	788,061	(1,525,706)	0	(5,625,463)	(34,103,504)	(5,821,618)	(46,639,395)	(46,639,395)
0	0	(2,154,894)	0	(23,775)	(25,233)	(198,864)	(2,402,765)	(2,402,765)

償却費は減価償却費の意。
以降のページも同様。

Column　Power Queryの使用法

エクセルのアドイン機能として、Excel2016以降標準装備となった機能です。

Power Query を活用することで、

- 複数のデータベース（それもエクセルや CSV だけでなく、SQL サーバーからの直接データの取り込みなど）を簡単に統合できる
- 自由自在にデータベースを加工編集することができる
- 膨大なデータをエクセル上に表示することなく、バックグラウンドで取り込むことができる

など、さまざまな利点があるのですが、今回は「ワイド型（横長）データをロング型（縦長）に変換する」という機能をご紹介したいと思います。それ以外の機能についても便利で皆さんの作業効率向上や分析力向上に寄与するものが多いので、興味がある方は調べてみてください。

さて、部門別の予算シートで図表5-5のようなデータがあったとします。これを取り込みたいのですが、欲しいのは横軸に勘定科目グループ、縦軸に日付を含めた集計区分という形です。つまり縦と横とを逆転させ、ピボット

図表5-5　部門別の予算シート

	A	B	C	D	E	F	G	H	I	J	K	L	M	N
1														
2	部門	勘定科目G	1月	2月	3月	4月	5月	6月	7月	8月	9月	10月	11月	12月
3	A事業部	売上高	123	109	114	102	102	102	115	108	115	117	123	108
4	A事業部	売上原価	62	59	61	56	52	51	59	56	58	59	65	55
5	A事業部	販管費	40	43	46	46	48	48	49	49	47	47	46	42
6	B事業部	売上高	86	108	111	104	81	103	90	115	106	98	98	120
7	B事業部	売上原価	38	49	48	44	35	45	37	49	44	42	44	55
8	B事業部	販管費	54	55	51	51	50	50	54	51	52	55	52	52
9														
10														
11														
12														
13														

テーブルで日付等のフィルターをかけやすい状態にしたいと考えています。

リボンの「データ」から「テーブルまたは範囲から」を指定し、編集したいテーブルを囲います（図表5-6）。

するとポップアップ画面で「テーブルの作成」というウィンドウが現れるので、選択したデータ範囲が正しいことを確認して「OK」を押します。別ウィンドウで図表5-7のような画面が出てきます。これを「Power Query エディター」と呼び、Power Query の編集画面となります。

このPower Query エディターモードにおいて、1月～12月の列を範囲指

図表5-6　テーブルの横と縦を逆転するための準備

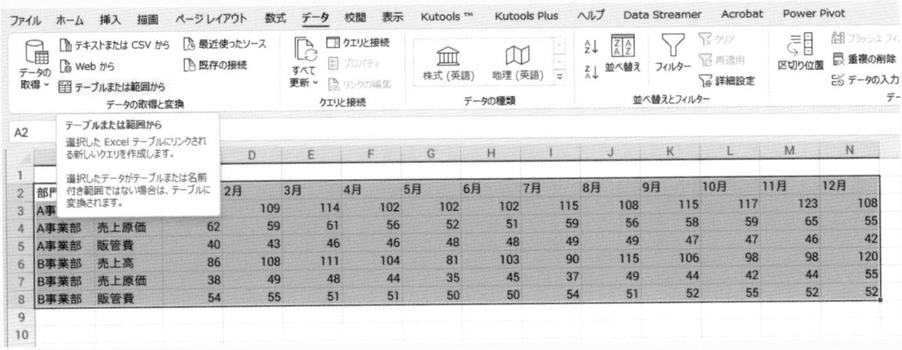

図表5-7　Power Query の編集画面

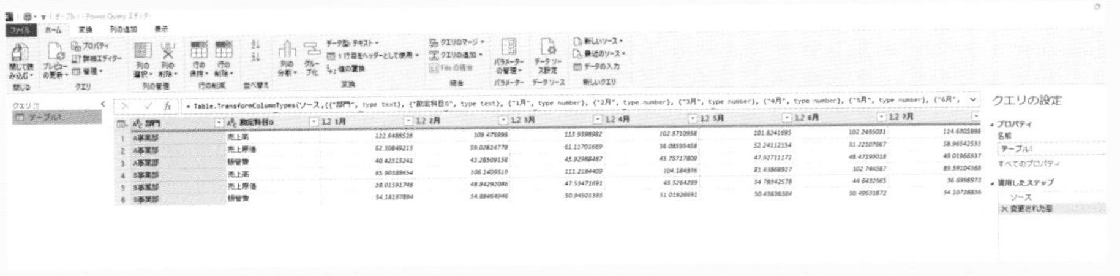

図表5-8 「列のピボット解除」機能で横に並んでいたデータを縦に整理し直す

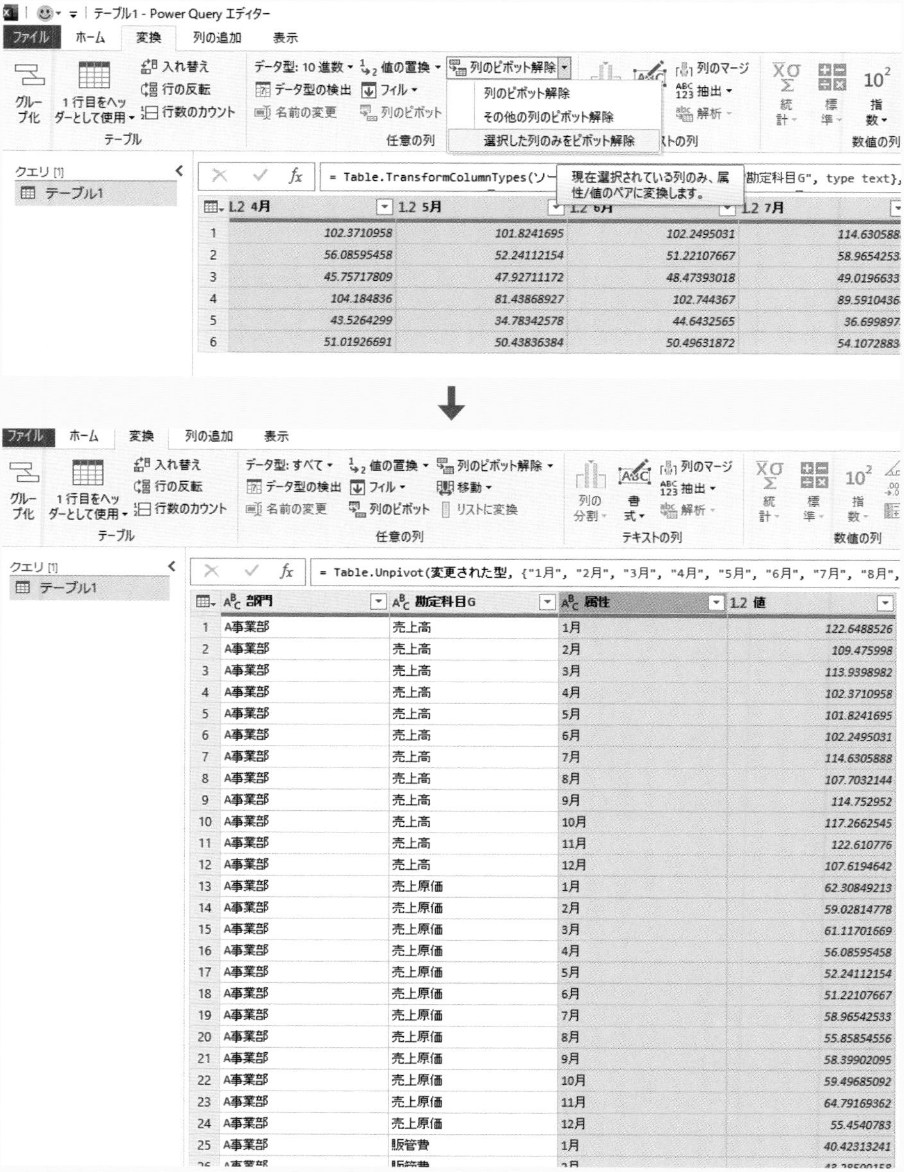

定し、リボンの「変換」から「列のピボット解除」を選択、次いで「選択した列のみをピボット解除」を選択すると、横に並んでいた月単位のデータが、縦に整理され直します（図表5-8）。

次は勘定科目グループを横軸に設定します。

勘定科目グループの列を選択し、「変換」から「列のピボット」を選択すると、「列のピボット」という名前の新しいウィンドウがポップアップで現れるので、値列において「値」を選択すると、値が勘定科目グループごとにまとめて表記されます（図表5-9）。

ここでいったん整理したものを保存します。「ホーム」から「閉じて次に読み込む」を選択し（図表5-10）、新たにポップアップされた「データのイ

図表5-9 「列のピボット」で横に並んでいたデータを縦に整理し直す

	部門		1.2 売上高	1.2 売上原価	1.2 販管費
1	A事業部	[illegible]	117.2662545	59.49685092	47.28145743
2	A事業部	[illegible]	122.610776	64.79169362	46.40053423
3	A事業部	12月	107.6194642	55.4540783	41.52659686
4	A事業部	1月	122.6488526	62.30849213	40.42313241
5	A事業部	2月	109.475998	59.02814778	43.28509158
6	A事業部	3月	113.9398982	61.11701669	45.92988487
7	A事業部	4月	102.3710958	56.08595458	45.75717809
8	A事業部	5月	101.8241695	52.24112154	47.92711172
9	A事業部	6月	102.2495031	51.22107667	48.47393018
10	A事業部	7月	114.6305888	58.96542533	49.01966337
11	A事業部	8月	107.7032144	55.85854556	49.39497483
12	A事業部	9月	114.752952	58.39902095	47.38844705
13	B事業部	10月	98.47045264	41.92430601	54.54759188
14	B事業部	11月	97.66655037	44.4792028	52.13339235
15	B事業部	12月	119.73357	54.97692652	51.80711667
16	B事業部	1月	85.90388654	38.01591748	54.18197894
17	B事業部	2月	108.1409319	48.84292086	54.88464946
18	B事業部	3月	111.2184409	47.53471691	50.94501335
19	B事業部	4月	104.184836	43.5264299	51.01926691
20	B事業部	5月	81.43868927	34.78342578	50.43836384
21	B事業部	6月	102.744367	44.6432565	50.49631872
22	B事業部	7月	89.59104368	36.6998973	54.10728836
23	B事業部	8月	114.700194	48.8413639	50.79786772
24	B事業部	9月	106.1732768	43.56690291	51.79828718

図表5-10　縦型のテーブル

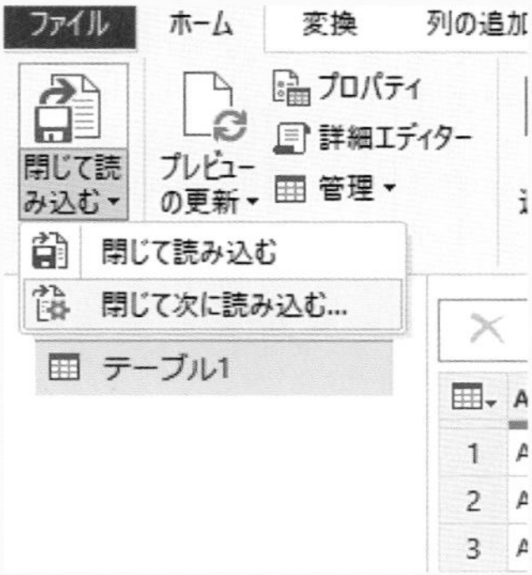

図表5-11　縦と横を入れ替えたテーブル

	A	B	C	D	E
1	部門	属性	売上高	売上原価	販管費
2	A事業部	10月	117.2662545	59.49685092	47.28145743
3	A事業部	11月	122.610776	64.79169362	46.40053423
4	A事業部	12月	107.6194642	55.4540783	41.52659686
5	A事業部	1月	122.6488526	62.30849213	40.42313241
6	A事業部	2月	109.475998	59.02814778	43.28509158
7	A事業部	3月	113.9398982	61.11701669	45.92988487
8	A事業部	4月	102.3710958	56.08595458	45.75717809
9	A事業部	5月	101.8241695	52.24112154	47.92711172
10	A事業部	6月	102.2495031	51.22107667	48.47393018
11	A事業部	7月	114.6305888	58.96542533	49.01966337
12	A事業部	8月	107.7032144	55.85854556	49.39497483
13	A事業部	9月	114.752952	58.39902095	47.38844705
14	B事業部	10月	98.47045264	41.92430601	54.54759188
15	B事業部	11月	97.66655037	44.4792028	52.13339235
16	B事業部	12月	119.73357	54.97692652	51.80711667
17	B事業部	1月	85.90388654	38.01591748	54.18197894
18	B事業部	2月	108.1409319	48.84292086	54.88464946
19	B事業部	3月	111.2184409	47.53471691	50.94501335
20	B事業部	4月	104.184836	43.5264299	51.01926691
21	B事業部	5月	81.43868927	34.78342578	50.43836384
22	B事業部	6月	102.744367	44.6432565	50.49631872
23	B事業部	7月	89.59104368	36.6998973	54.10728836

ンポート」のウィンドウにおいて「テーブル」および「新規ワークシート」にチェックボックスを入れると、新しいシートに先ほどPower Queryエディターモードで編集した縦型のテーブルが現れます。

これで図表5-11のように縦と横を入れ替えたテーブルが出来上がりました。元のデータベース自体はそのままで、何ら変更を加えておらず、あくまでもそこから読み込んだデータのみを編集集計して新しいテーブルをつくっています。

今回のケースでは、横軸には勘定科目グループ、縦軸には集計区分を入れ、それぞれの集計区分ごとに数値を入力します。このデータベースをピボットテーブルで加工すべく、ツールバーの「挿入」、「ピボットテーブル」を選び、データベースの範囲を指定してポップアップの指示通りに進めていくと、図表5-12のような画面になります。

あとはアウトプットとして表示したい項目に沿って列と行の区分を決めるだけです。今回は行（横軸）に、「年度・実績」「中分類」「小分類」を充て、縦軸には勘定科目グループを充てます。

もしかしたら行列を同じように設定したとしても、勘定科目グループが横に並んでしまう可能性があります。その場合はピボットテーブルのフィールドの「列」のフィールドに入っている「Σ値」を「行」のフィールドに入れることで、勘定科目グループが縦に並ぶように集計され直します（図表5-13）。

ここまで来たらあとはもともと用意した予算実績ギャップ分析のテンプレート（図表5-2参照）にリンクを張っていきます（図表5-14）。

図表5-12 「ピボットテーブル」で加工する

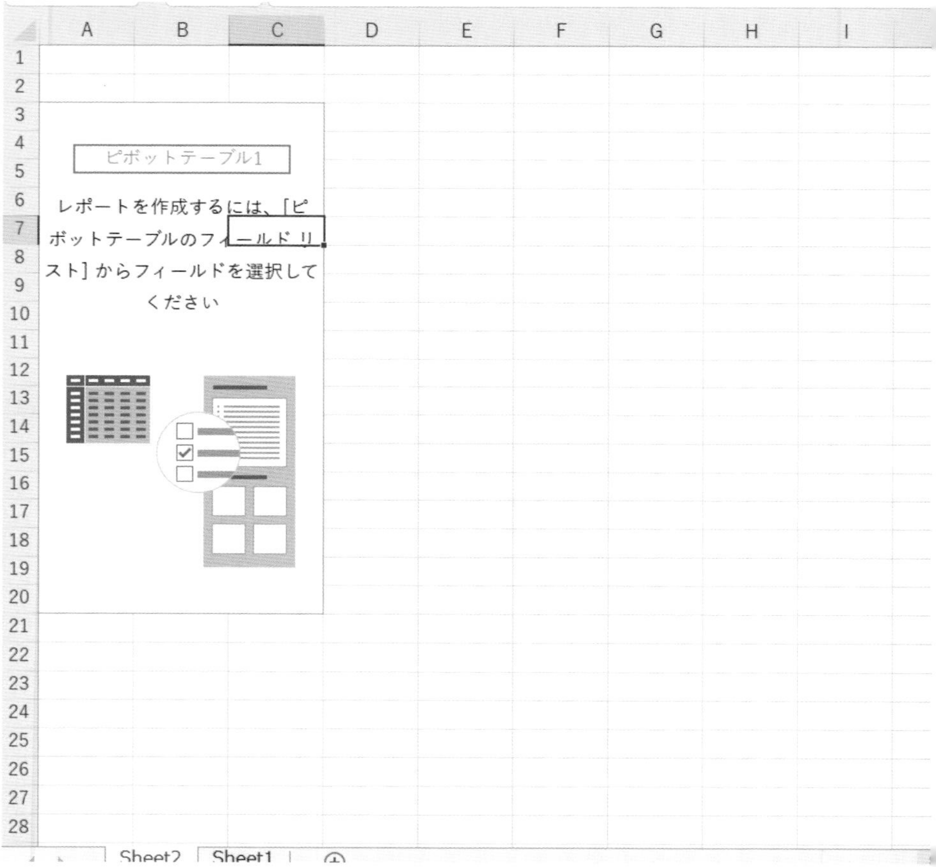

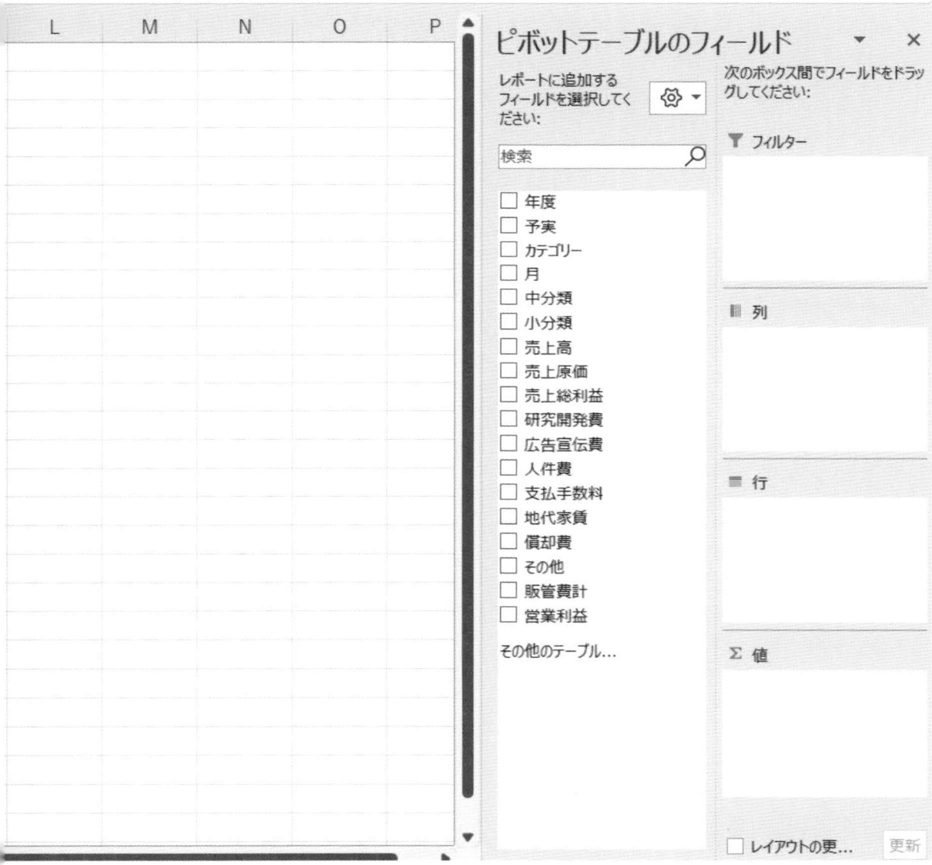
L
M
N
O
P
ピボットテーブルのフィールド
レポートに追加するフィールドを選択してください:
次のボックス間でフィールドをドラッグしてください:
検索
年度
予実
カテゴリー
月
中分類
小分類
売上高
売上原価
売上総利益
研究開発費
広告宣伝費
人件費
支払手数料
地代家賃
償却費
その他
販管費計
営業利益
その他のテーブル...
フィルター
列
行
値
レイアウトの更...
更新

図表5-13 勘定科目グループが縦に並ぶように集計し直す

	A	B	C	D	E	F	G
1							
2							
3		列ラベル					
4		⊟FY19実績					
5		⊟X事業部		X事業部 集計	⊟Y事業部	Y事業部 集計	⊟Z事業
6	値	ブランドA	ブランドB		ブランドC		ブランド
7	合計 / 売上高	2038859525	1180017368	3218876893	2571942806	2571942806	1328
8	合計 / 売上原価	-506895829	-304085278.3	-810981107.3	-2229454749	-2229454749	-3042
9	合計 / 研究開発費	-2275429.901	-6341138.496	-8616568.397	0	0	-1624
10	合計 / 広告宣伝費	-154094064.8	-60278251.28	-214372316	-7988903.089	-7988903.089	-2803
11	合計 / 人件費	-194158783.8	-163003236.8	-357162020.6	-31464159.45	-31464159.45	-1864
12	合計 / 支払手数料	-153040195.7	-121849771	-274889966.7	0	0	-1421
13	合計 / 地代家賃	-152471918.6	-58149384.19	-210621302.8	-734064.0714	-734064.0714	-1616
14	合計 / 償却費	-23991872.64	-7116558.08	-31108430.72	-245435.85	-245435.85	-1055
15	合計 / その他	-55741496.65	-30255599	-85997095.65	-7852004.345	-7852004.345	-6715
16							
17							
18							
19							
20							
21							
22							
23							
24							
25							
26							
27							
28							

Sheet2 Sheet1

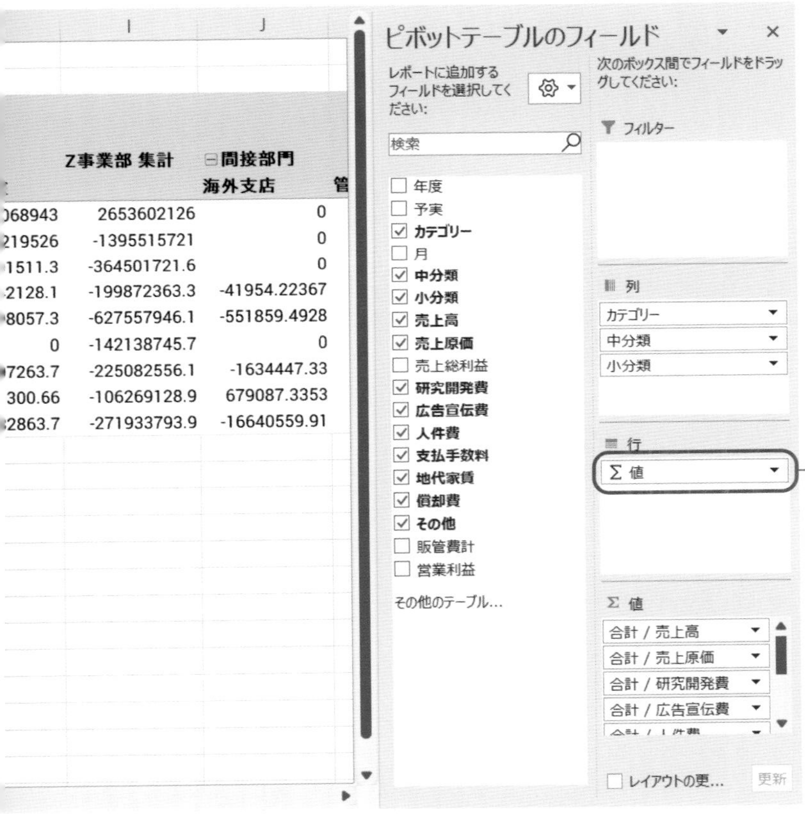

これが列のフィールドに
入っている場合は
行のフィールドに入れ直す。

図表5-14 リンクを張る

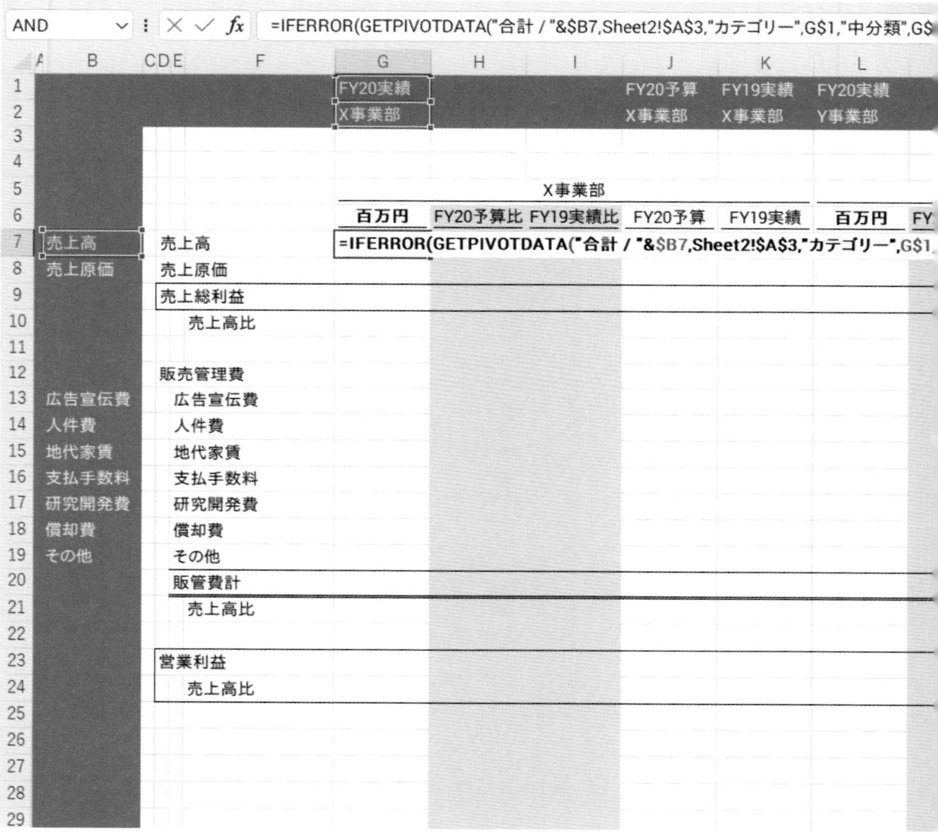

カテゴリーではG1に該当する項目（今回は"FY20実績"）、中分類はG2に該当するもの（今回は"X事業部"）をリンクするように指示している。
また表示する数値は"合計 /"とB7を合わせたもの（今回であれば"合計 / 売上高"）にリンクするように指示している。
これをすることで他のセルにコピー＆ペーストすることが可能となる。

ピボットテーブルにリンクを張るときに２つだけ工夫をしています。一つはIFERROR関数を使ってエラーが出たときに表示するものを設定しておくこと、もう一つはGETPIVOTDATA関数を使ってピボットテーブルで選択したパラメーターに紐づいたセルにリンクをさせることです。

IFERROR関数とは、計算結果がエラーになった場合（例えば０で割り戻す、数値以外のものを計算する、参照するものがないなど）に、結果を指定することができるという関数です。IFERROR関数で囲った計算式の後に、エラーが出た場合に表記するものを指定することで、エラー表記になることを防ぐことができます。今回はエラーが出た場合は０を表記するという指定をしています。

GETPIVOTDATA関数とは、ピボットテーブルでクロス集計した数値を引っ張ってくるように指令をする関数です。通常はピボットテーブル内の数値をリンクさせると、GETPIVOTDATA関数を使った数式が入力されます。例えば、「Ｘ事業部」に属する「ブランドＡ」の「FY20実績の売上高」をリンクさせた場合、「=GETPIVOTDATA("合計 / 売上高",Sheet2!$A$3,"カテゴリー","FY20予算","中分類","X事業部")」と表記されます。これは「Sheet2にあるセルA3を先頭とするピボットテーブルを参照」して「カテゴリーはFY20予算」、「中分類はＸ事業部」を指定し、「売上高」の合計を集計した数値をとってこい、という意味になります。お察しの通り、「中分類をＹ事業部」と指定すれば、Ｙ事業部の数値をリンクします。ピボットテーブル内の数値をリンクさせる場合は、従来とは異なりそもそもの行列指定したパラメーターの数値を引っ張ってくるという指令を行うので、注意が必要となります。

今回はコピー＆ペーストを行って効率的に他のセルにも同様のリンクを張るために、「FY20実績」の代わりに「セルG1」、「Ｘ事業部」の代わりに「セルG2」、「売上高」の代わりに「セルB7」を指定しています。

この２つの点に注意をすれば、残りは特に問題はないと思います。FY20実績、FY20予算、FY19実績の各勘定科目グループをピボットテーブルからリンクさせ、対FY20予算との比較、対FY19実績との比較を計算式で表示（例えばH7セルは「+J7 − G7」というように）すればテーブルの完成です。完成したテーブルは**図表5-15**のようになります。

ただ、このままでは不正確な予算実績ギャップ分析となってしまっています。FY20実績は半年間しかないのに対し、FY20予算およびFY19実績は1年分ありますから、そもそも比較対象としては適切ではありません。また分析をする際に、単月ではどのような差が生じたのか、また四半期ごとではどうなのか、といった期間選択ができると便利です。そのときに機能として使えるのが前述した「スライサー」です。

ピボットテーブルのシートにおいて、「ピボットテーブル分析」リボンのタブから「スライサーの挿入」を選択すると別ウィンドウがポップアップで現れます（**図表5-16**）。

ここで「月」にチェックボックスを入れると、スライサー、すなわちピボットテーブルのフィルターを選択できるポップアップが現れます。これを切り取って、予実ギャップ分析の左上にペーストします（**図表5-17**）。スライサーのサイズや列数などは、スライサーを選択した上で、ツールバーから「スライサー」を選択することで編集することが可能です。

今回の分析対象となるFY20実績は6カ月分しかありませんから、スライサーで1月を示す「01」から6月を示す「06」までを選択します。するとFY20実績、FY20予算、FY19実績のすべてのデータにおいて1月から6月までの数値のみが選択されてピボットテーブルが再集計されます。先ほどGETPIVOTDATA関数で、ピボットテーブルと直接リンクを張っていますので、この予実ギャップ分析のテーブルも1月から6月までの数値を適切に表記する形になったと思います。

これを見ると、FY20の半年間の営業利益実績は320百万円となり、予算

図表5-15　各勘定科目をリンクさせ、予算・実績との比較を計算式で表示させる

	A	B	CDE	F	G	H	I	J	K	
1					FY20実績			FY20予算	FY19実績	FY2
2					X事業部			X事業部	X事業部	Y事
3										
4										
5							X事業部			
6					百万円	FY20予算比	FY19実績比	FY20予算	FY19実績	百
7		売上高	売上高		1,737.2	-1,599.9	-1,481.6	3,337.1	3,218.9	
8		売上原価	売上原価		(422.3)	+417.5	+388.7	(839.9)	(811.0)	(
9			売上総利益		1,314.9	-1,182.3	-1,093.0	2,497.3	2,407.9	
10			売上高比		75.7%	+0.9pt	+0.9pt	74.8%	74.8%	
11										
12			販売管理費							
13		広告宣伝費	広告宣伝費		(104.9)	+119.9	+109.5	(224.7)	(214.4)	
14		人件費	人件費		(184.5)	+169.3	+172.7	(353.8)	(357.2)	
15		地代家賃	地代家賃		(106.2)	+103.6	+104.5	(209.8)	(210.6)	
16		支払手数料	支払手数料		(168.0)	+119.2	+106.9	(287.2)	(274.9)	
17		研究開発費	研究開発費		(6.3)	+2.2	+2.3	(8.5)	(8.6)	
18		償却費	償却費		(16.3)	+17.6	+14.8	(33.8)	(31.1)	
19		その他	その他		(41.5)	+46.9	+44.5	(88.4)	(86.0)	
20			販管費計		(627.6)	+578.6	+555.1	(1,206.3)	(1,182.8)	
21			売上高比		-36.1%	+0.0pt	+0.6pt	-36.1%	-36.7%	
22										
23			営業利益		687.3	-603.7	-537.8	1,291.0	1,225.1	
24			売上高比		39.6%	+0.9pt	+1.5pt	38.7%	38.1%	
25										
26										
27										

	N	O	P	Q	R	S	T	U	
		FY20予算 Y事業部	FY19実績 Y事業部	FY20実績 Z事業部			FY20予算 Z事業部	FY19実績 Z事業部	F 間
	Y事業部			Z事業部					
算比	FY19実績比	FY20予算	FY19実績	百万円	FY20予算比	FY19実績比	FY20予算	FY19実績	
1.7	-960.3	2,533.4	2,571.9	**1,667.7**	-3,150.4	-985.9	4,818.1	2,653.6	
3.9	+693.2	(2,210.2)	(2,229.5)	**(524.1)**	+764.9	+871.4	(1,289.0)	(1,395.5)	
7.7	-267.1	323.2	342.5	**1,143.6**	-2,385.5	-114.5	3,529.1	1,258.1	
1pt	-8.6pt	12.8%	13.3%	**68.6%**	-4.7pt	+21.2pt	73.2%	47.4%	
2.4	+5.5	(4.8)	(8.0)	**(115.6)**	+93.2	+84.2	(208.9)	(199.9)	
5.3	+16.6	(30.1)	(31.5)	**(351.6)**	+387.9	+275.9	(739.6)	(627.6)	
0.4	+0.4	(0.8)	(0.7)	**(146.7)**	+113.9	+78.3	(260.6)	(225.1)	
-	-	0.0	0.0	**(205.7)**	+79.2	-63.6	(284.9)	(142.1)	
-	-	0.0	0.0	**(145.9)**	+282.1	+218.6	(428.0)	(364.5)	
0.0	+0.1	(0.2)	(0.2)	**(55.4)**	+61.0	+50.8	(116.5)	(106.3)	
7.3	+3.8	(11.4)	(7.9)	**(178.3)**	+228.3	+93.7	(406.6)	(271.9)	
5.4	+26.4	(47.3)	(48.3)	**(1,199.4)**	+1,245.6	+738.0	(2,445.0)	(1,937.4)	
5pt	+0.5pt	-1.9%	-1.9%	**-71.9%**	-21.2pt	+1.1pt	-50.7%	-73.0%	
2.3	-240.7	275.8	294.2	(55.8)	-1,139.9	+623.5	1,084.1	(679.3)	
5pt	-8.1pt	10.9%	11.4%	-3.3%	-25.8pt	+22.3pt	22.5%	-25.6%	

図表5-16 「スライサーの挿入」を選択する

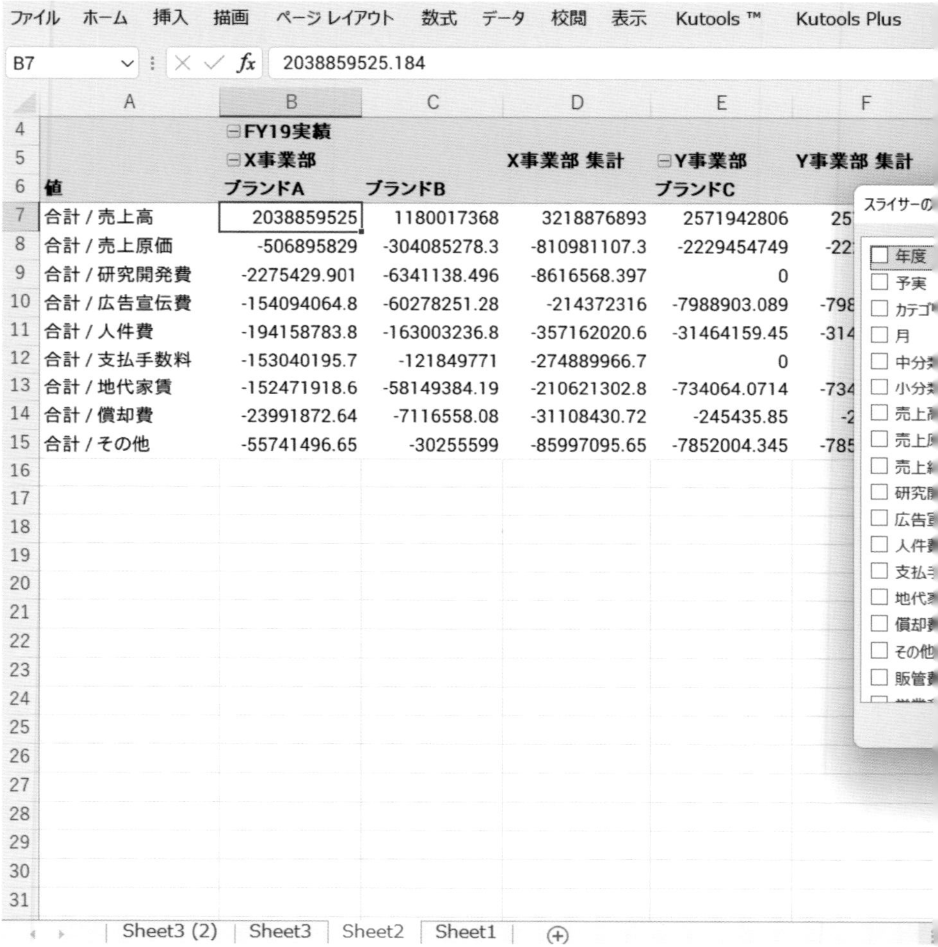

Acrobat
Power Pivot
ピボットテーブル分析
デザイン
コメント
共有
H
I
J
Z事業部 集計
間接部門
海外支店
68943
2653602126
0
19526
-1395515721
0
1511.3
-364501721.6
0
2128.1
-199872363.3
-41954.22367
3057.3
-627557946.1
-551859.4928
0
-142138745.7
0
7263.7
-225082556.1
-1634447.33
300.66
-106269128.9
679087.3353
2863.7
-271933793.9
-16640559.91
キャンセル
ピボットテーブルのフィールド
レポートに追加するフィールドを選択してください:
次のボックス間でフィールドをドラッグしてください:
検索
年度
予実
カテゴリー
月
中分類
小分類
売上高
売上原価
売上総利益
研究開発費
広告宣伝費
人件費
支払手数料
地代家賃
償却費
その他
販管費計
営業利益
その他のテーブル...
フィルター
列
カテゴリー
中分類
小分類
行
Σ 値
Σ 値
合計 / 売上高
合計 / 売上原価
合計 / 研究開発費
合計 / 広告宣伝費
レイアウトの更...
更新

図表5-17 「スライサー」をペーストし、対象月を選択する

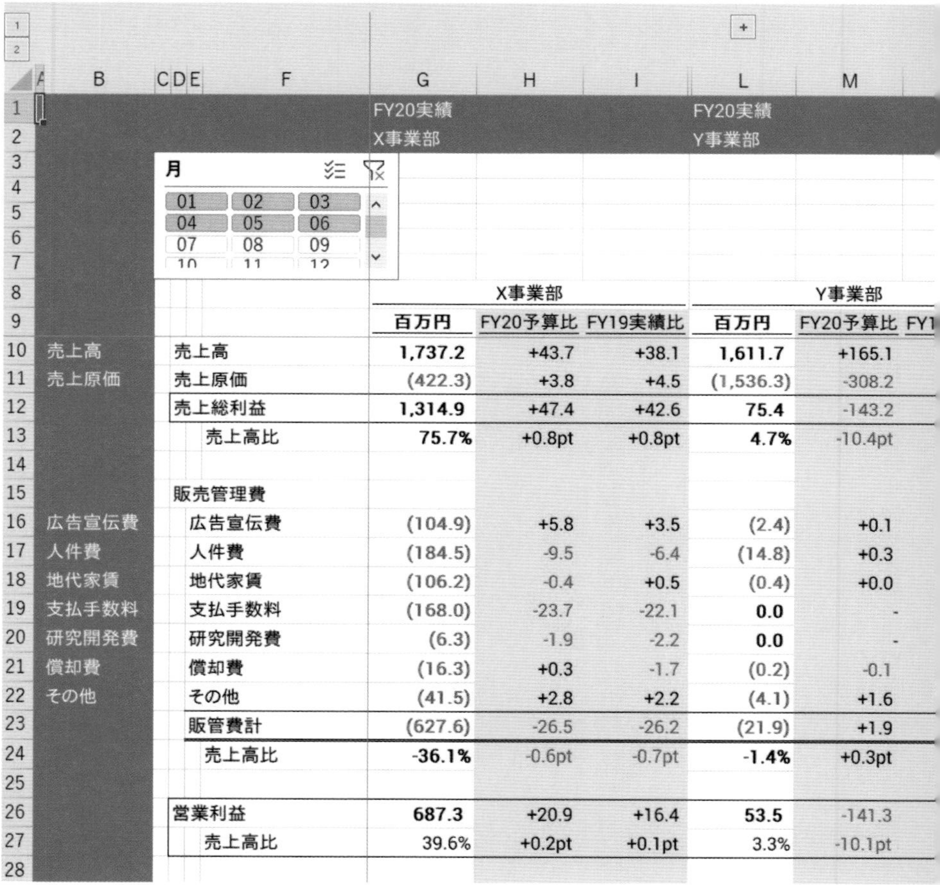

	B	F	G	H	I	L	M
1			FY20実績			FY20実績	
2			X事業部			Y事業部	
3							
4							
5							
6							
7							
8			X事業部			Y事業部	
9			百万円	FY20予算比	FY19実績比	百万円	FY20予算比
10	売上高	売上高	1,737.2	+43.7	+38.1	1,611.7	+165.1
11	売上原価	売上原価	(422.3)	+3.8	+4.5	(1,536.3)	-308.2
12		売上総利益	1,314.9	+47.4	+42.6	75.4	-143.2
13		売上高比	75.7%	+0.8pt	+0.8pt	4.7%	-10.4pt
14							
15		販売管理費					
16	広告宣伝費	広告宣伝費	(104.9)	+5.8	+3.5	(2.4)	+0.1
17	人件費	人件費	(184.5)	-9.5	-6.4	(14.8)	+0.3
18	地代家賃	地代家賃	(106.2)	-0.4	+0.5	(0.4)	+0.0
19	支払手数料	支払手数料	(168.0)	-23.7	-22.1	0.0	-
20	研究開発費	研究開発費	(6.3)	-1.9	-2.2	0.0	-
21	償却費	償却費	(16.3)	+0.3	-1.7	(0.2)	-0.1
22	その他	その他	(41.5)	+2.8	+2.2	(4.1)	+1.6
23		販管費計	(627.6)	-26.5	-26.2	(21.9)	+1.9
24		売上高比	-36.1%	-0.6pt	-0.7pt	-1.4%	+0.3pt
25							
26		営業利益	687.3	+20.9	+16.4	53.5	-141.3
27		売上高比	39.6%	+0.2pt	+0.1pt	3.3%	-10.1pt
28							

比で▲463百万円の未達、昨年比で▲86百万円の減少となったことがわかりました。まず対予算で見てみると、▲463百万円の営業利益大幅未達となったのは、事業部別に見ると、Z事業部において▲401百万円未達、Y事業部も▲141百万円未達となり、X事業部（＋21百万円の超過）と間接部門（＋59百万円の費用抑制）で部分的に相殺していることがわかりました。

	R	S	V	W	X	AA	AB	AC
績			FY20実績 間接部門					
Z事業部			間接部門			全社合計		
円	FY20予算比	FY19実績比	百万円	FY20予算比	FY19実績比	百万円	FY20予算比	FY19実績比
7.7	-570.9	+454.3	0.0	-	-	5,016.6	-362.2	+604.8
.1)	+107.0	-21.6	0.0	-	-	(2,482.7)	-197.4	-384.9
3.6	-463.8	+432.7	0.0	-	-	2,534.0	-559.6	+219.9
.6%	-3.2pt	+10.0pt	#DIV/0!	#DIV/0!	#DIV/0!		-	-
5.6)	+5.6	-14.8	(10.3)	-2.1	-5.8	(233.2)	+9.3	-13.2
.6)	+15.7	-43.0	(70.4)	+13.0	+12.6	(621.4)	+19.4	-35.3
5.7)	-22.3	-38.4	(34.6)	+10.9	+7.4	(287.8)	-11.8	-30.6
5.7)	+1.6	-133.2	0.0	-	-	(373.7)	-22.1	-155.3
5.9)	+24.9	-15.6	(8.2)	-0.8	-6.2	(160.4)	+22.1	-24.0
5.4)	+1.6	-8.2	(177.9)	+18.8	+27.2	(249.8)	+20.7	+17.2
3.3)	+35.7	-65.7	(64.2)	+19.2	-0.4	(288.0)	+59.3	-64.2
.4)	+62.7	-318.9	(365.5)	+59.0	+34.7	(2,214.4)	+97.0	-305.4
.9%	-15.5pt	+0.6pt	#DIV/0!	#DIV/0!	#DIV/0!		-	-
5.8)	-401.2	+113.8	(365.5)	+59.0	+34.7	319.6	-462.6	-85.5
.3%	-18.8pt	+10.6pt	#DIV/0!	#DIV/0!	#DIV/0!		-	-

事業部ごとにどこが大きな影響を及ぼしているかはわかりましたから、今度は費目に注目して要素分解をしていきます。ただし、前述したように、費用には売上と同様に増減する変動費と、売上に連動しない固定費がありますから、この２つの特徴を分けて考えることが重要です。

実践2

変動費のギャップ分析の基本

予実ギャップ分析を行う際に、固定費分はただ単純に比較をすれば差分がわかりますが、変動費に関しては絶対額だけを比較してもあまり意味はありません。売上が増えれば変動費も増えるのが当然であり、売上が減ればその逆もしかり、費用の絶対額も増減します。絶対額に着目するのではなく、単位あたりの費用もしくは売上高比率に注目し、収益に対するインパクトを測定する必要があります。

この考え方をまとめたのが図表5-18です。

縦軸に単価、横軸に数量をとり、実績と予算の差が単価・数量どちらによるものなのかを可視化しています。すなわち、

- **単価の影響（単価増によるインパクト）とは、予算と実績の単価の差に、予算の数量を掛け合わせたもの**

図表5-18　収益へのインパクトを分析

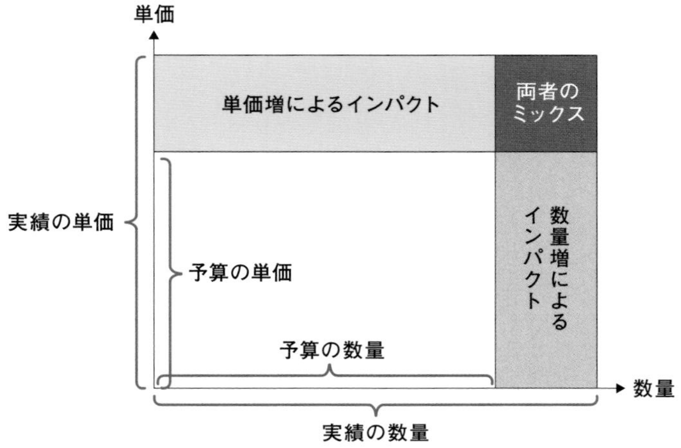

- **数量の影響（数量増によるインパクト）とは、予算と実績の数量の差に、予算の単価を掛け合わせたもの**
- **ミックスの影響とは、全体の差分から単価の影響と数量の影響を差し引いたもの**

と算定することが可能です。ただしミックスというのは説明をしても合理的に納得してもらうことが難しいので、単価の影響か数量の影響か、どちらかに寄せるのが一般的です。今回はミックス分を単価の影響に含めることにします。つまり、

- **最終的な単価の影響**　予算と実績の単価の差×実績の数量
- **最終的な数量の影響**　予算と実績の数量の差×予算の単価

の２つに分類することにします。もちろん、ミックス分を数量の影響に寄せる方法もありますし、ミックスとして表現することもあります。組織のやり方やお作法といったものもあるでしょうから、それらを参考にして最終的に決めればいいと思います。

さて、このような方針にしたがい、予算と実績の営業利益の差分を次のように分解してみましょう。

- **売上増減による影響**　予算と実績の売上高の差に、予算の限界利益率を掛け合わせたもの
- **変動費の影響**　予算と実績の変動費の売上高比率に、実績の売上高を掛け合わせたもの
- **固定費の影響**　予算と実績の絶対額の差

まず準備として各勘定科目グループの売上高比率を出してみます（**図表5-19**）。

図表5-19　売上高比率を算出する

	A	B	CDE	F	G	H	I	J	K	
1					FY20実績			FY20予算	FY19実績	FY2
2					X事業部			X事業部	X事業部	Y事
3			月							
4			01 02 03							
5			04 05 06							
6			07 08 09							
7			10 11 12							
8							X事業部			
9					百万円	FY20予算比	FY19実績比	FY20予算	FY19実績	百
28										
29			memo：売上高比率							
30				売上原価	24.3%	-0.8pt	-0.8pt	25.2%	25.1%	
31				広告宣伝費	6.0%	-0.5pt	-0.3pt	6.5%	6.4%	
32				人件費	10.6%	+0.3pt	+0.1pt	10.3%	10.5%	
33				地代家賃	6.1%	-0.1pt	-0.2pt	6.2%	6.3%	
34				支払手数料	9.7%	+1.2pt	+1.1pt	8.5%	8.6%	
35				研究開発費	0.4%	+0.1pt	+0.1pt	0.3%	0.2%	
36				償却費	0.9%	-0.0pt	+0.1pt	1.0%	0.9%	
37				その他	2.4%	-0.2pt	-0.2pt	2.6%	2.6%	
38				限界利益率	66.0%	-0.3pt	-0.3pt	66.3%	66.3%	
39										
40			ギャップ分析							
41				売上高成長		+29.0	+25.3			
42				原価率		+14.7	+14.1			
43				支払手数料		-20.0	-18.8			
44				広告宣伝費		+5.8	+3.5			
45				人件費		-9.5	-6.4			
46				地代家賃		-0.4	+0.5			
47				研究開発費		-1.9	-2.2			
48				償却費		+0.3	-1.7			
49				その他		+2.8	+2.2			
50				合計		+20.9	+16.4			
51										

	N	O	P	Q	R	S	T	U	
		FY20予算 Y事業部	FY19実績 Y事業部	FY20実績 Z事業部			FY20予算 Z事業部	FY19実績 Z事業部	FY
	Y事業部			Z事業部					
算比	FY19実績比	FY20予算	FY19実績	百万円	FY20予算比	FY19実績比	FY20予算	FY19実績	
.4pt	+17.4pt	84.9%	77.9%	31.4%	+3.2pt	-10.0pt	28.2%	41.4%	
0pt	-0.3pt	0.2%	0.4%	6.9%	+1.5pt	-1.4pt	5.4%	8.3%	
.1pt	-0.2pt	1.0%	1.1%	21.1%	+4.7pt	-4.4pt	16.4%	25.4%	
0pt	-0.0pt	0.0%	0.0%	8.8%	+3.2pt	-0.1pt	5.6%	8.9%	
-	-	0.0%	0.0%	12.3%	+3.1pt	+6.4pt	9.3%	6.0%	
-	-	0.0%	0.0%	8.8%	+1.1pt	-2.0pt	7.6%	10.7%	
0pt	+0.0pt	0.0%	0.0%	3.3%	+0.8pt	-0.6pt	2.5%	3.9%	
.1pt	+0.0pt	0.4%	0.2%	10.7%	+1.1pt	+1.4pt	9.6%	9.3%	
.4pt	-17.4pt	15.1%	22.1%	56.2%	-6.3pt	+3.6pt	62.5%	52.6%	
4.9	+24.8				-357.1	+239.0			
8.1	-280.2				-53.9	+166.5			
-	-				-51.3	-106.1			
0.1	+3.9				+5.6	-14.8			
0.3	+1.5				+15.7	-43.0			
0.0	+0.0				-22.3	-38.4			
-	-				+24.9	-15.6			
-0.1	-0.1				+1.6	-8.2			
1.6	-0.4				+35.7	-65.7			
1.3	-250.5				-401.2	+113.8			

前述したように、変動費の効果を考える際には、予算と実績の変動費率の差をとり、それに実績の売上高をかけ合わせることでインパクトを算出することができます。今回の変動費は、売上原価（ほぼすべての商品が職人の手作りによるものなので、売上原価＝変動費と仮定する）と支払手数料（クレジットカード手数料のように従量制と仮定する）としてみます。ここでは、X事業部の変動費のインパクトを見てみましょう。

- 原価率の影響：予算と実績の原価率の差×実績の売上高
  ＝ 0.8％ポイント（原価率減）×1,737百万円
  ＝15百万円の利益増の影響
  （図表5-19のセル H42参照）
- 支払手数料の影響：予算と実績の手数料率の差×実績の売上高
  ＝▲1.2％ポイント（費用増）×1,737百万円
  ＝▲20百万円の利益減の影響
  （図表5-19のセル H43参照）

と算出されます。いかがでしょうか？　絶対額の比較よりもより本質的な分析が可能になることがおわかりいただけると思います。

さて、売上高増の影響をどう見たらいいでしょうか？　これも変動費分を考慮するのがよさそうです。すなわち売上が増えても変動費も増えますから、売上高の増分の影響というのは限界利益の増分と考えるのがフェアです。先ほどの概念にしたがって、予算と実績の売上高の差に、予算の限界利益率をかけ合わせたものを「売上高増分の影響」ととらえます。

- 売上高増分の影響：予算と実績の売上高の差×予算の限界利益率
  ＝＋44百万円（売上高増分）×66.3％（予算の売上高から原価と手数料を引いた限界利益の売上高比率）

＝＋29百万円の利益増の影響
（図表5-19のセル H41参照）

となります。

もともとX事業部の営業利益は予算と実績では21百万円の差が生じていたわけですが、この内容が上記のようなやり方によって①売上高増分による影響（29百万）、②変動費率の変化による影響（▲5百万）、③固定費の差分（▲3百万）による影響に分けることができました。検算していただければおわかりだと思いますが、①②③のそれぞれの差分の合計は当たり前ですがX事業部全体の差分と同じになります。

まとめ

数値分析でわかるのはWhatとWhere、原因分析には定性の調査が必要

FY20の過去6カ月の実績を予算と比較してみると、売上高で▲362百万円の未達、営業利益は▲463百万円の未達となりました。この営業利益▲463百万円の未達分を事業部ごとに見てみると、Z事業部が▲401百万円の未達と大きな影響を及ぼし、次いでY事業部が▲141百万円の未達となり、この2つの事業部で合わせて▲542百万円の予算未達となっています。それをX事業部が＋21百万円の予算超過、間接部門が＋59百万円の経費削減によって部分的に収益改善という結果となっています。

費目ごとに見てみると、

- X事業部（＋21百万円の営業利益予算超過）：売上高成長による影響が

大きく、変動費について原価率は改善されたものの、手数料率が予算を上回りほぼ相殺された結果、固定費も全体ではほぼ予算通りという結果となった。

- Y事業部（▲141百万円の営業利益予算未達）：売上高が増加し＋25百万円の収益改善になったものの、原価率が想定よりも高く▲168百万円の予算未達の影響を及ぼしている。
- Z事業部（▲401百万円の営業利益予算未達）：昨年比では売上高は大きく成長したものの、予算対比では大幅未達となり、▲357百万円の予算未達要因となっている。また変動費分も予算比では原価率・支払手数料率も高くなっており、販管費で部分的に相殺しているものの、大幅な予算未達という結果となった。

ということがおわかりいただけると思います。

ここまでは数値だけを見て分解をしただけ、すなわちWhat（差分はどのくらいか？）、およびWhere（その差分はどの事業部、どの費用項目から生まれているのか？）を見つけたにすぎません。原因究明は定性面に入ります。この後により深く掘り下げたいのは、

- Y事業部における原価率が予算の見積もりよりも高くなっている要因は何か？
- Z事業部における売上高予測を見誤ったのはどういう要因によるものか？
- およびZ事業部における変動費率が予算と乖離したその原因は何か？

といった点に対する答えを見つけることです。担当部署へのヒアリング、現場からのフィードバックなどからその原因となる事象が見出せれば、下半期のオペレーションに対してフィードバックを出すことが可能となります。

資料

知っておくべき
基本的なエクセル操作法

よく使うショートカット

エクセル作業で**最も時間を要するのは、実はマウス操作**です。マウスを動かす、左クリックする、右クリックする、選択肢を選ぶ……ちょっと意識すると、この操作だけで結構な時間を使っていることがわかります。逆に言うと、このマウス操作を簡略化させれば、エクセル作業に要する時間は劇的に短縮することができます。

ここでは知っておくと本当に便利な、作業時間短縮のためのショートカットやキーボード操作のテクニックをご紹介します。ぜひ、皆さんのエクセル作業の際に活用してください。

エクセルシート／ファイルを移動する時間を劇的に短縮するショートカット

これを知っているだけで、マウスを使って右端や下にあるスクロールバーを動かしたりする必要がなくなり、大幅な作業時間の短縮につながります。

● Enter ／ Shift ＋ Enter

セルの入力を確定して下のセルに移動する（Shift を押しながらだと上のセルに移動する）。

● Tab ／ Shift ＋ Tab

セルの入力を確定して右のセルに移動する（Shift を押しながらだと左のセルに移動する）。

● Page Up ／ Page Down

上下にスクロールする。

- Ctrl ＋カーソル（← ↓ → ↑）

　入力されている連続するセルの端までジャンプする、もしくは空白を飛び越して入力されているセルまでジャンプする。

- Shift ＋カーソル（← ↓ → ↑）

　範囲指定をする。Ctrl ＋ Shift ＋カーソルとすると、連続するセルの端まで範囲指定をすることが簡単にできます。

　エクセルファイルの中に複数シートがある場合の移動や、複数ファイル間を移動する場合、またアプリケーション間を移動する場合にも、画面下のタスクバーを操作することなく移動することができるテクニックもあります。

- Ctrl ＋ Page Up ／ Ctrl ＋ Page Down

　ファイル内にあるシートを移動する。Page Up で左に、Page Down は右に移動。

- Ctrl ＋ Tab

　複数のエクセルファイルを順に移動。

- Alt ＋ Tab

　アプリケーション間を移動。画面にアクティブなアプリケーションが表示されるので、Alt を押したまま Tab を必要な回数押して、移動したいアプリケーションおよびファイルを選択する。

シートの編集にかかる時間を劇的に短縮するテクニック

エクセルシートにセルや行列を挿入したり、印刷範囲を指定したり、とかくシートの編集をすることも多いかと思いますが、これも知っておくと便利なショートカットがたくさんあります。

- **Ctrl ＋ スペース（　）**

  列（縦）を選択する。

- **Shift ＋ スペース（　）**

  行（横）を選択する。ただし半角英数入力モードでないとできない。

- **Ctrl ＋ A**

  （エクセルが自動判別して）表の範囲を選択。繰り返すとシート全体を選択。

- **Ctrl ＋ C**

  コピーする。

- **Ctrl ＋ X**

  カット（切り取り）する。

- **Ctrl ＋ V**

  貼り付ける。

- **Alt → E → S**

  条件を選択して貼り付ける。数式、値、書式、コメント等、貼り付けたい条件を選ぶことが可能。

文字やセルの修飾をする時間を劇的に短縮するテクニック

会議やプレゼンテーションに、エクセルでつくったチャートなどを提出する際に、文字やセルを修飾するのは不可欠ですが、これをするのも結構時間がかかります。これを知っておくと、その修飾にかかる時間も大幅に短縮できます。

- Ctrl + B
  太字にする。
- Ctrl + I
  イタリック（斜体）にする。
- Ctrl + U
  アンダーラインを引く。

後は Alt キーを使ってツールバーのメニュー選択を手元のキーボードで行うこともできます。よく使う修飾としては次のようなものがあげられます。

- Alt → H → 0（または 9）
  小数点表示を一桁増やす（9を押した場合は、一桁減らす）。
- Alt → H → P
  パーセンテージ表示にする。
- Alt → H → K
  桁区切り記号のコンマを付けて表示する。

● Alt → H → F F

フォントの指定をする。

● Alt → H → F G （または F K ）

フォントを大きくする（FK の場合は小さくする）。

● Alt → H → F C

フォントの色を変える。

● Alt → H → H

セルの色を変える。

計算の際によく使う関数

エクセルの出発点は「表計算」ですから、数値を集計する際に威力を発揮するわけですけれども、簡単な四則演算だけでなく、これらの便利な関数を知っておくと作業効率が高まります。

今回は基本的だけど頻繁に使える、集計の関数をいくつかご紹介します。サンプルとして**図表 Z-1**（https://str.toyokeizai.net/books/9784492558058/よりダウンロードが可能です。パスワードは「mbaexcel」）を基に解説をします。

図表 Z-1　集計の関数

	A	B	C	D	E	F	G	H	I	J	K
1		氏名	年齢	性別	会員	点数	過去平均	受講数	入会		
2		熊原裕貴	30	男	法人	6.5	7.0	2	2022/4/1		
3		川原春華	34	女	個人	4.0	4.0	1	2011/7/1		
4		土居美奈子	23	女	法人	3.5	3.5	1	2011/7/1		
5		酒井将人	38	男	個人	5.5	5.0	3	2022/1/1		
6		山崎祐司	42	男	法人	5.0	6.0	2	2022/4/1		
7		高木綾子	22	女	法人	4.5	4.5	1	2011/7/1		
8		柴田慎一	41	男	法人	7.0	6.0	4	2021/7/1		
9		藤原 千恵	36	女	個人	6.0	5.5	3	2021/10/1		
10		谷澤正之	32	男	法人	4.0	3.5	2	2022/1/1		
11		合計						19	=SUM(H2:H10)		
12		単純平均	33.11			5.11	5.00	2.11	2018/6/21		
13		加重平均					5.29	=SUMPRODUCT(G2:G10,H2:H10)/H11			
14				=AVERAGE(C2:C10)							

基本的な集計のための関数

- **SUM 関数**

足し算です。=SUM(H2:H10) というのは、H2 セルから H10 セルまでの数値を足し算しなさい、というもの。

- **AVERAGE 関数**

その名の通り平均を算出します。=AVERAGE(C2:C10) というのは、C2 セルから C10 セルまでの数値の平均を算出しなさいというもの。

- **MEDIAN 関数**

日本人は平均をよく使いますが、全体の中心を把握するために使うのが中央値です。これは例えば 100 人の母集団をある数値の順番で並べたときに、その真ん中、つまり 50 番目の人がどの数値なのかを表します。この中央値を算出するのが MEDIAN 関数で、=MEDIAN(C2:C10) によって C2 セルから C10 セルまでの数値の中央値を表します。

● **MAX 関数／MIN 関数**

最高値・最小値を算出する関数です。=MAX(C2:C10) というのは、C2 セルから C10 セルにおける最大値を算出しなさいというものです。一方 MIN 関数は最小値を算出します。

● **COUNT 関数**

これもその名の通りカウント、つまり件数を数えなさい、というもの。=COUNT(G2:G10) というのは、G2 セルから G10 セルまでの範囲にある数値が何個あるか数えなさい、というもの。

● **ROUND 関数**

数値を四捨五入する関数です。=ROUND(F12,1) というのは、F12 セルの数値を小数点 1 位まで残して、小数点 2 位以下は四捨五入しなさいという意味です。=ROUND(C12,-1) とすると、10 の位を残し、1 の位を四捨五入しなさい（つまり 21、23 は 20 として、25、32 は 30 として、10 単位で数値をまとめます）ということになります。

ちなみに SUM 関数、AVERAGE 関数、COUNT 関数で集計されるこれら３つの数値は、複数のデータを選択すると（平均、データの個数、合計）として画面の下に現れるステータスバーにも表示されます。参照するくらいなら関数を入れなくても確認することは可能です。

条件判定の関数

ある条件を満たしたときは A という計算を行い、そうでなければ B という計算を行うといった条件判定によって違うアウトプットを計算する関数です。図表 Z-2 のテーブルを基に解説をします。

図表 Z-2　条件判定の関数

	A	B	C	D	E	F	G	H	I	J	K	L
1		氏名	年齢	性別	会員	点数	過去平均	受講数	入会	法人		
2		熊原裕貴	30	男	法人	6.5	7.0	2	2022/4/1	6.5	=IF(E2=$J$1,F2,0)	
3		川原春華	34	女	個人	4.0	4.0	1	2011/7/1	0.0		
4		土居美奈子	23	女	法人	3.5	3.5	1	2011/7/1	3.5		
5		酒井将人	38	男	個人	5.5	5.0	3	2022/1/1	0.0		
6		山崎祐司	42	男	法人	5.0	6.0	2	2022/4/1	5.0		
7		高木綾子	22	女	法人	4.5	4.5	1	2011/7/1	4.5		
8		柴田慎一	41	男	法人	7.0	6.0	4	2021/7/1	7.0		
9		藤原 千恵	36	女	個人	6.0	5.5	3	2021/10/1	0.0		
10		谷澤正之	32	男	法人	4.0	3.5	2	2022/1/1	4.0		
11		合計						19				
12		単純平均	33.11			5.11	5.00	2.11	2018/6/21			
13		加重平均					5.29					

● **IF 関数**

条件を満たした場合、満たさない場合、それぞれ別の演算処理をしなさいと指定する関数です。図表 Z-2 のテーブルでは、E2 セルを参照し、それが J1 セル（すなわち「法人」）と同じであれば F2 セルを表記し、そうでなければ（すなわち「法人」ではなければ）0 を表記しなさい、という指令になっています。

条件付き集計の関数

先ほど述べた基本集計の関数の応用で、条件付きで集計するときの関数です。

● **SUMIF 関数**

条件付き足し算。ある条件を満たしたセルだけ算出します。=SUMIF (E2:E10," 法人 ",H2:H10) というのは、E2 セルから E10 セルの範囲で「法人」と入力されたものを見つけてきて、それに対応する H 列の数値の合計を出しなさい、というもの。

● **SUMIFS 関数**

複数条件に合致したセルを加算する関数。=SUMIFS(H2:H10,E2:E10," 法人 ",D2:D10," 男 ") というのは、【条件①】E2 セルから E10 セルの範囲で「法人」と入力されたもので、かつ【条件②】D2 セルから D10 セルの範囲で「男」と入力されたものを見つけてきて、それに対応する H 列の数値の合計を出しなさい、というもの。条件は3つ以上つけ加えることも可能です。

● **AVERAGEIF 関数**

条件付き平均。ある条件を満たしたセルの数値の平均を算出します。=AVERAGEIF(D2:D10," 男 ",F2:F10) というのは、D2 セルから D10 セルの範囲で「男」と入力されたものを見つけてきて、それに対応する F 列の数値の平均を出しなさい、というもの。SUMIFS 関数のように、複数の条件に合致したセルの平均を算出する AVERAGEIFS 関数もあります。

● **COUNTIF 関数**

条件付きカウント。同じく、ある条件を満たしたセルが何個あるかを数える関数。=COUNTIF(D2:D10," 女 ") というのは、D2 セルから D10 セルの範囲で「女」と入力されたものを見つけてきて、何個該当するかカウントするもの。SUMIFS 関数、AVERAGEIFS 関数と同様、複数の条件に合致したセルの数を計上する COUNTIFS 関数もあります。

今は条件の欄にダブルクオーテーション（"）で囲っていますが、エクセルを操作するときには「ベタ打ちをせずに参照する」ことが奨励されます。

つまり、

=SUMIF(E2:E10,"法人",H2:H10)

とするよりも、E12セルに「法人」と入力し、その上で、

```
=SUMIF(E2:E10,E12,H2:H10)
```

とするほうが、E12セルを「個人」に変更するなど、自由自在にシミュレーションを行うことも可能ですし、ベタ打ちをすると条件が変わったことに気づかないこともあるので、参照したほうがミスやエラーが少なくなります。

配列の積を計算する

個人的によく使うのがこのSUMPRODUCT関数。例えば複数の商品があるときに部門全体の利益率の加重平均を算出するとか、在庫額を計算するときに各商品の単価と在庫数量を掛け合わせるとか、そういったときにこのSUMPRODUCT関数を使います（図表Z-1参照）。

ここで使っているケースだと、例えばこれまで受講したテストすべての平均点を出したいときに、

● **SUMPRODUCT関数**

対となる行もしくは列の互いを掛け合わせて数値を算出する関数。=SUMPRODUCT(G2:G10,H2:H10)として、G列とH列の対応する数値をそれぞれ掛け合わせることで合計点を出すことができる。

このようにして算出した合計点をH11セルの受講数合計で割ると講義あたりの平均点が算出されます。

対応する値を検索する関数

図表Z-3でいえば氏名を検索することで、その対応する値（点数、受講数、入会日など）を表記させる関数です。

図表 Z-3　対応する値を検索する関数

	A	B	C	D	E	F	G	H	I	J
1		氏名	年齢	性別	会員	点数	過去平均	受講数	入会	
2		熊原裕貴	30	男	法人	6.5	7.0	2	2022/4/1	
3		川原春華	34	女	個人	4.0	4.0	1	2011/7/1	
4		土居美奈子	23	女	法人	3.5	3.5	1	2011/7/1	
5		酒井将人	38	男	個人	5.5	5.0	3	2022/1/1	
6		山崎祐司	42	男	法人	5.0	6.0	2	2022/4/1	
7		高木綾子	22	女	法人	4.5	4.5	1	2011/7/1	
8		柴田慎一	41	男	法人	7.0	6.0	4	2021/7/1	
9		藤原 千恵	36	女	個人	6.0	5.5	3	2021/10/1	
10		谷澤正之	32	男	法人	4.0	3.5	2	2022/1/1	
11		合計						19		
12		単純平均	33.11			5.11	5.00	2.11	2018/6/21	
13		加重平均					5.29			
14										
15		高木綾子				4.5	=VLOOKUP(B15,$B$2:$F$10,5,FALSE)			
16							=XLOOKUP(B15,$B$2:$B$10,$F$2:$F$10)			

● VLOOKUP 関数

ある列（縦の欄：今回であれば B2 セルから B10 セルの氏名が記載された列）の中にある値に対応する、別の列の値を抽出する関数。F15 セルの 4.5 点というのは、B15 セルに記載した「高木綾子」さんの点数を表記させている。=VLOOKUP(B15,$B$2:$F$10,5,FALSE) とあるのは、① B15 セルに記載した値を、② B2 セルから F10 セルの範囲の中から探し出し、③ B 列から数えて 5 列目（B、C、D、E、F となるので、5 列目は F 列）の数値を表記させなさい、④完全一致しなければエラー表記させなさい（ここを TRUE にすると近いものを表記させます）、という指令です。

● HLOOKUP 関数

VLOOKUP 関数は、ある列から値を検索していましたが、HLOOKUP 関数はある行（横）から値を算出する関数です。使い方は VLOOKUP 関数と同じです。

● XLOOKUP 関数

Microsoft 365 ユーザーであれば、この XLOOKUP 関数が使えます。VLOOKUP や HLOOKUP は、表記する値を何列目、何行目と指定しなくてはいけなかったのですが、XLOOKUP 関数では直接表記する列・行を指定することができます。=XLOOKUP(B15,$B$2:$B$10,$F$2:$F$10) とあるのは、① B15 セルに記載した値を、② B2 セルから B10 セルの列から探し出し、③ F2 セルから F10 セルにおいて対応する値を表記せよ、という指令です。VLOOKUP や HLOOKUP よりもはるかに使いやすいため、エクセルのバージョンが整っているのであれば XLOOKUP 関数を使用されることをお勧めします。

【監修者】

グロービス

1992年の設立以来、「経営に関する『ヒト』『カネ』『チエ』の生態系を創り、社会の創造と変革を行う」ことをビジョンに掲げ、各種事業を展開している。

グロービスには以下の事業がある。

●学校法人 グロービス経営大学院
　・日本語（東京、大阪、名古屋、仙台、福岡、オンライン）
　・英語（東京、オンライン）
●グロービス・エグゼクティブ・スクール
●グロービス・マネジメント・スクール
●企業内研修／法人向け人材育成サービス（日本、中国、シンガポール、タイ、米国、欧州）
●出版／電子出版
● GLOBIS 知見録／GLOBIS Insights（オウンドメディア）
● GLOBIS 学び放題／GLOBIS Unlimited（定額制動画学習サービス）
●グロービス・キャピタル・パートナーズ（ベンチャーキャピタル事業）

その他の事業：
●一般社団法人 G1（カンファレンス運営）
●一般財団法人 KIBOW（インパクト投資、被災地支援）
●株式会社茨城ロボッツ・スポーツエンターテインメント（プロバスケットボールチーム運営）

【著者紹介】
鷲巣大輔（わしず　だいすけ）
グロービス経営大学院准教授
一橋大学商学部卒業後、米系消費財メーカーのコーポレート・ファイナンス部門からキャリアをスタートし、一貫してFP&A（Financial Planning & Analysis）、管理会計をベースとした経営戦略策定、事業部コントロールに従事。その後プライベートエクイティ企業、国立大学のCOEプロジェクトへの参画、ベンチャー企業のCFO、米系消費財企業のアジア・パシフィック地区のCFO、PEファンドがスポンサーを務める日系企業の経営企画、スタートアップ企業のHead of Financeを歴任。2021年にFP&A、管理会計の力で組織を強くすることをミッションに株式会社FP&A研究所を設立する。2007年からグロービス経営大学院にて主にファイナンスクラスの講義を担当している。

即戦力になる！
MBAのExcel

2023年3月8日発行

著　者――鷲巣大輔
監修者――グロービス
発行者――田北浩章
発行所――東洋経済新報社
〒103-8345　東京都中央区日本橋本石町 1-2-1
電話＝東洋経済コールセンター　03(6386)1040
https://toyokeizai.net/

装　丁…………秦　浩司
ＤＴＰ…………岸　和泉
編集協力………久保田正志
印　刷…………ベクトル印刷
製　本…………藤田製本
編集担当………黒坂浩一

Printed in Japan　ISBN 978-4-492-55805-8

グロービス経営大学院教授が
現場実務感覚で教える定番テキスト

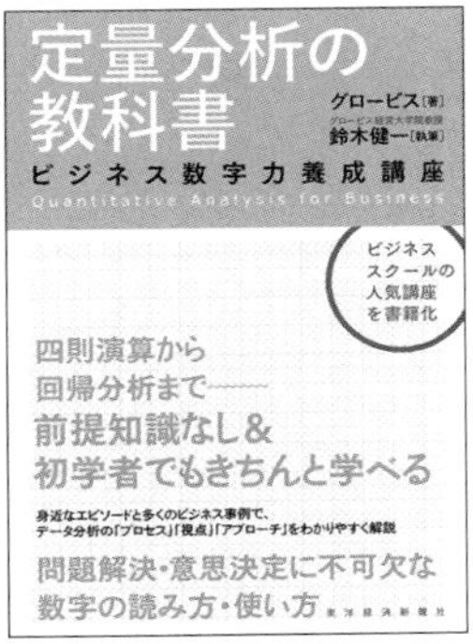

定量分析の教科書
ビジネス数字力養成講座

グロービス［著］　鈴木健一［執筆］

定価（本体2600円＋税）

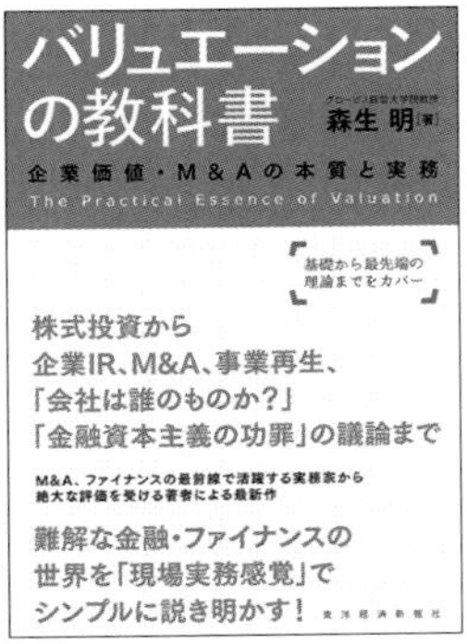

バリュエーションの教科書
企業価値・M&Aの本質と実務

森生　明［著］

定価（本体2600円＋税）

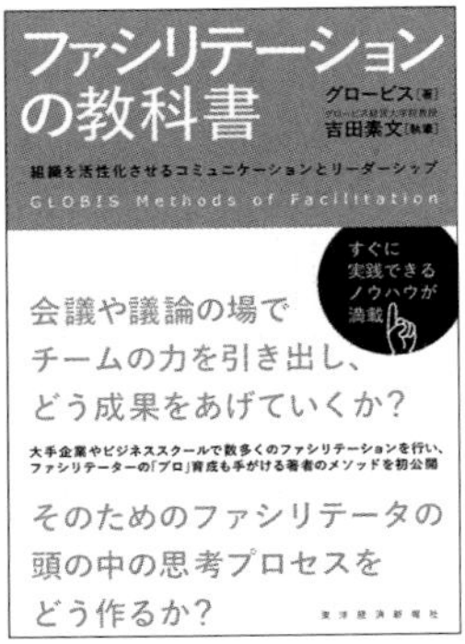

ファシリテーションの教科書
組織を活性化させる
コミュニケーションとリーダーシップ

グロービス［著］　吉田素文［執筆］

定価（本体2400円＋税）